CB050554

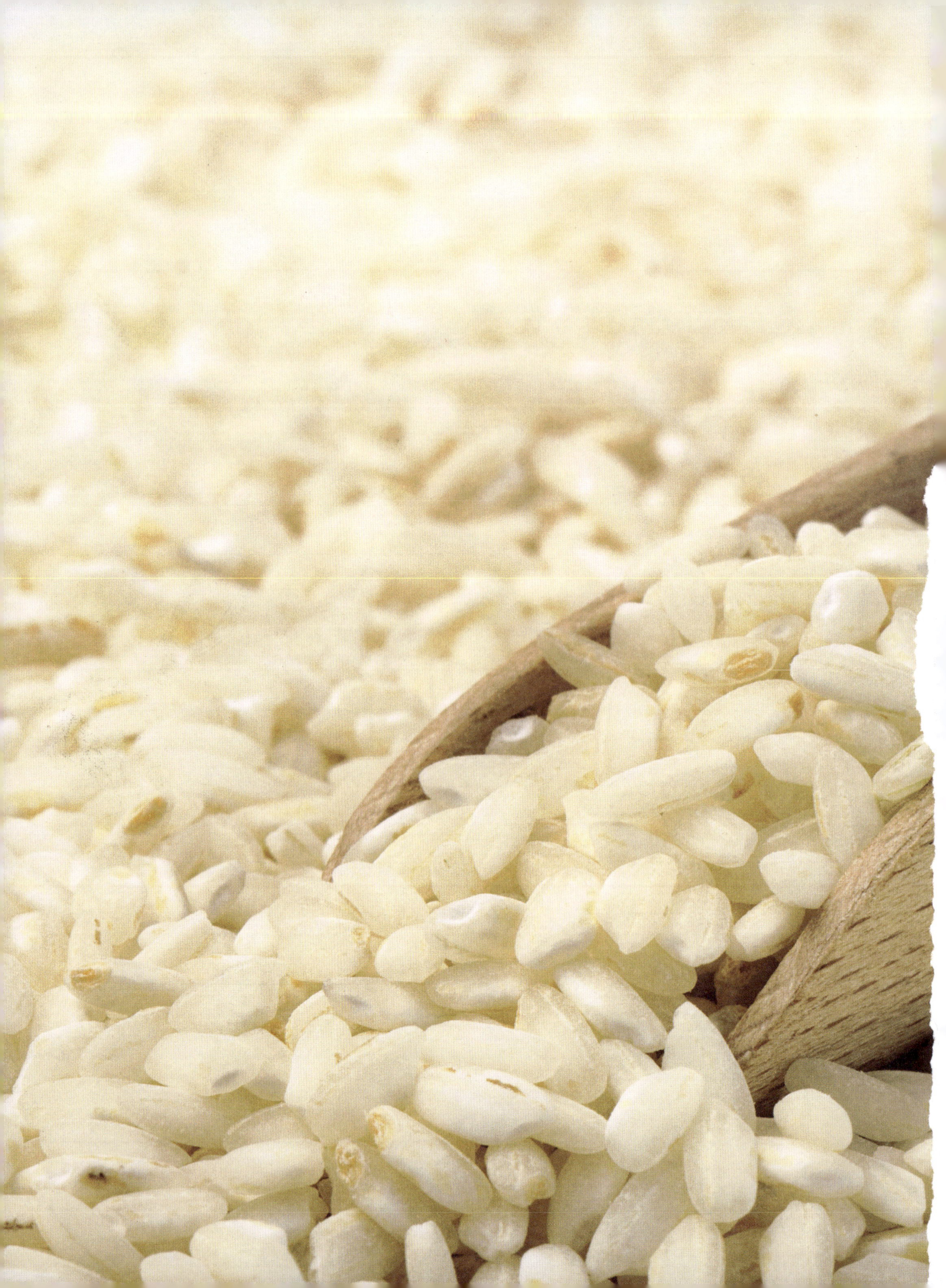

André Boccato

Risotos
50 Receitas

Editora Senac São Paulo - São Paulo - 2013

Risotos 50 Receitas

Vamos falar de um prato completo, mais uma especialidade atribuída à genialidade da culinária italiana, e que, assim como a *pasta* ou o célebre macarrão, é de uma versatilidade a toda prova e uma unanimidade no gosto universal.

A base de todo risoto, como conceberam os italianos, parte de cinco ingredientes **indispensáveis**: o arroz, manteiga, vinho, um caldo e queijo ralado. Daí em diante podem surgir pratos fantásticos e requintados, tal como comprovam estas 50 receitas do novo livro do editor e chef de cozinha experimental, André Boccato.

O grão arroz é base da alimentação de simplesmente ⅔ da humanidade. A origem de seu cultivo remonta à Ásia, cujas mais longínquas referências são encontradas na China, há mais de 5.000 anos, mas sabe-se que o uso do arroz é ainda mais antigo na Índia, sendo anteriormente citado em várias escrituras hindus. Mas será graças aos árabes no Delta do Nilo que o arroz se fará conhecido nos países Mediterrâneos; da Pérsia chegou à Grécia, na época de Alexandre o Grande; dali alcança pelos sarracenos a Espanha e, por sua vez, seu cultivo chega à Itália – local de batismo do risoto (arroz em italiano é *riso*).

Outros países sempre preparam sua versão de prato que combina arroz com ingredientes variados, haja vista a *paella* espanhola e mesmo nossas interpretações luso-brasileiras a partir do versátil grão, como o Arroz de Braga, ou mesmo o trivial risoto de frango, ou o de camarão. Mas, a começar, temos que admitir: a qualidade do grão de arroz empregada faz toda a diferença. O *vero risotto* utiliza sempre algum tipo dos seguintes grãos: arbório, arbório integral, carnaroli ou vialone nano. Outra providência é não lavar os grãos antes de levar à panela; como também jamais deixar cozinhar até que evapore o caldo todo, esperando que fique 'sequinho' e 'soltinho', como brasileiros costumam entender por arroz. Uma das qualidades do risoto é ser justamente um prato com consistência, mas cremoso, úmido.

Provavelmente o primeiro prato de risoto a ganhar status e fama internacional foi o

Risotto alla milanese – origem que é cercada de lendas, todas disputando a primazia da invenção. O certo é que o *Risotto alla milanese* registra suas primeiras histórias no auge da renascença, no norte da Itália, região da Lombardia, onde o arroz já vinha sendo cultivado desde o século XV. O famoso prato consiste numa receita básica de risoto, acrescida de açafrão, que lhe rende perfume e cor inconfundíveis.

Mas esse é somente o ponto de partida deste fantástico prato que permite se apresentar em infindáveis combinações. E o melhor de tudo: de preparo fácil e relativamente rápido, com ingredientes acessíveis. E que quando entrando em cena, é para ser uma aventura completa para os olhos e paladar, sempre muito além de qualquer monotonia.

Receitas clássicas, outras surpreendentes e inovadoras, mas todas concebidas, formuladas, testadas e preparadas com muita ciência, porém adicionadas de igual dose de paixão.

Jezebel Salem

Sumário

Caldo de legumes 6

Caldo de carne 7

Caldo de galinha 8

Caldo de peixe 9

Risoto baião de dois 12

Risoto de abóbora 15

Risoto de abobrinha com peito de peru 16

Risoto de alcachofra com queijo prato 19

Risoto de queijos e azeite de nozes 20

Risoto de alho-poró e queijo montanhês 23

Risoto de aliche 24

Risoto de aspargos 27

Risoto de azeitonas e minimilho 28

Risoto de bacalhau 31

Risoto de brócolis e bacon 32

Risoto de camarão 35

Risoto de palmito, abobrinha e gorgonzola 36

Risoto de milho, vagem e maçã 39

Risoto à gremolata 40

Risoto a la catalunha 43

Risoto de cream cheese com castanha-do-pará 44

Risoto de açafrão e brie 47

Risoto de erva-doce e salsão 48

Risoto de escarola com uva-passa 51

Risoto de frango 52

Risoto de dendê com quiabo 55

Risoto de alho com badejo 56

Risoto de linguiça com amêndoas 59

Risoto de cogumelos com azeite trufado. 60

Risoto de muçarela de búfala e tomate seco. 63

Risoto de salmão com alcaparras 64

Risoto siciliano com mascarpone e shimeji. 67

Risoto de cheddar com coco 68

Risoto de fungui 71

Risoto de salmão e limão siciliano 72

Risoto de lentilha 75

Risoto de lombo canadense e abobrinha. 76

Risoto afrodisíaco. 79

Risoto caprese 80

Risoto de pimenta e presunto. 83

Risoto de pimentões 84

Risoto porcini 87

Risoto de pupunha com espinafre 88

Risoto de queijo e vinho. 91

Risoto de ricota defumada, ervilha-torta e pistache. . 92

Risoto de roquefort e limão-siciliano 95

Risoto de legumes 96

Risoto de salsa e manjericão. 99

Risoto de shiitake com pochê ao centro 100

Risoto de soja com tomate 103

Risoto de tilápia e mini alcaparra 104

Risoto de vôngole e tomate pelado. 107

Risoto mignom 108

Risoto negro 111

Caldos

Caldo de legumes

3 litros de água fria
3 cebolas picadas
2 cenouras picadas
2 talos de salsão picados
3 ramos de salsa
3 talos de cebolinha
3 folhas de louro

Em uma panela alta, coloque a água, a cebola, a cenoura, o salsão, a salsa, a cebolinha e o louro. Leve ao fogo baixo, evitando que levante fervura. Isso faz com que os legumes cozinhem mais devagar e liberem mais sabor. Deixe apurar por 2 horas. Coe e reserve o caldo. Uma dica é colocar o caldo em formas de gelo e congelar para durar muito mais tempo.

Rendimento: 3 litros
Tempo de Preparo: 2 horas e 15 minutos

Caldo de carne

300 g de carne moída
2 colheres (sopa) de óleo
3 litros de água fria
3 cebolas picadas
2 cenouras picadas
2 talos de salsão picados
3 ramos de salsa
3 talos de cebolinha
3 folhas de louro

Em uma panela alta, frite a carne moída no óleo até que ela fique bem dourada. Adicione a água, a cebola, a cenoura, o salsão, a salsa, a cebolinha e o louro. Leve ao fogo baixo, evitando que levante fervura. Isso faz com que os legumes cozinhem mais devagar e liberem mais sabor. Deixe apurar por 2 horas. Coe e reserve o caldo. Uma dica é colocar o caldo em formas de gelo e congelar para durar muito mais tempo.

Rendimento: 3 litros
Tempo de Preparo: 2 horas e 25 minutos

Caldos

Caldo de galinha

300 g de ossos de frango
2 colheres (sopa) de óleo
3 litros de água fria
3 cebolas picadas
2 cenouras picadas
2 talos de salsão picados
3 ramos de salsa
3 talos de cebolinha
3 folhas de louro

Em uma panela alta, frite os ossos de frango no óleo até que eles fiquem bem dourados. Adicione a água, a cebola, a cenoura, o salsão, a salsa, a cebolinha e o louro. Leve ao fogo baixo, evitando que levante fervura. Isso faz com que os legumes cozinhem mais devagar e liberem mais sabor. Deixe apurar por 2 horas. Coe e reserve o caldo. Uma dica é colocar o caldo em formas de gelo e congelar para durar muito mais tempo.

Rendimento: 3 litros
Tempo de Preparo: 2 horas e 25 minutos

Caldo de peixe

1 cabeça grande de peixe
2 colheres (sopa) de óleo
3 litros de água fria
3 cebolas picadas
2 cenouras picadas
2 talos de salsão picados
3 ramos de salsa
3 talos de cebolinha
3 folhas de louro

Em uma panela alta, frite a cabeça do peixe no óleo até ficar bem dourada. Adicione a água, a cebola, a cenoura, o salsão, a salsa, a cebolinha e o louro. Leve ao fogo baixo, evitando que levante fervura. Isso faz com que os legumes cozinhem mais devagar e liberem mais sabor. Deixe apurar por 2 horas. Coe e reserve o caldo. Uma dica é colocar o caldo em formas de gelo e congelar para durar muito mais tempo.

Rendimento: 3 litros
Tempo de Preparo: 2 horas e 25 minutos

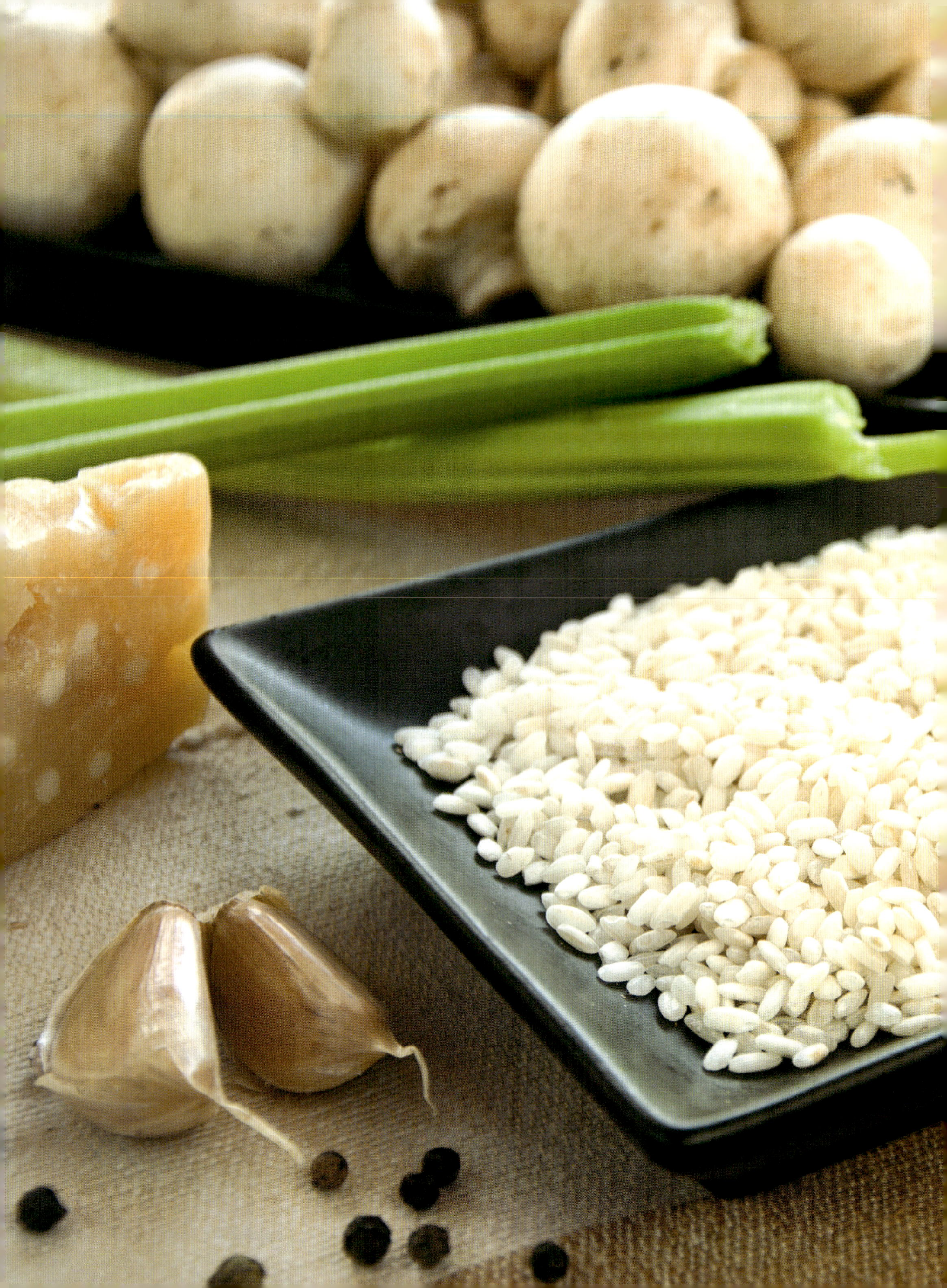

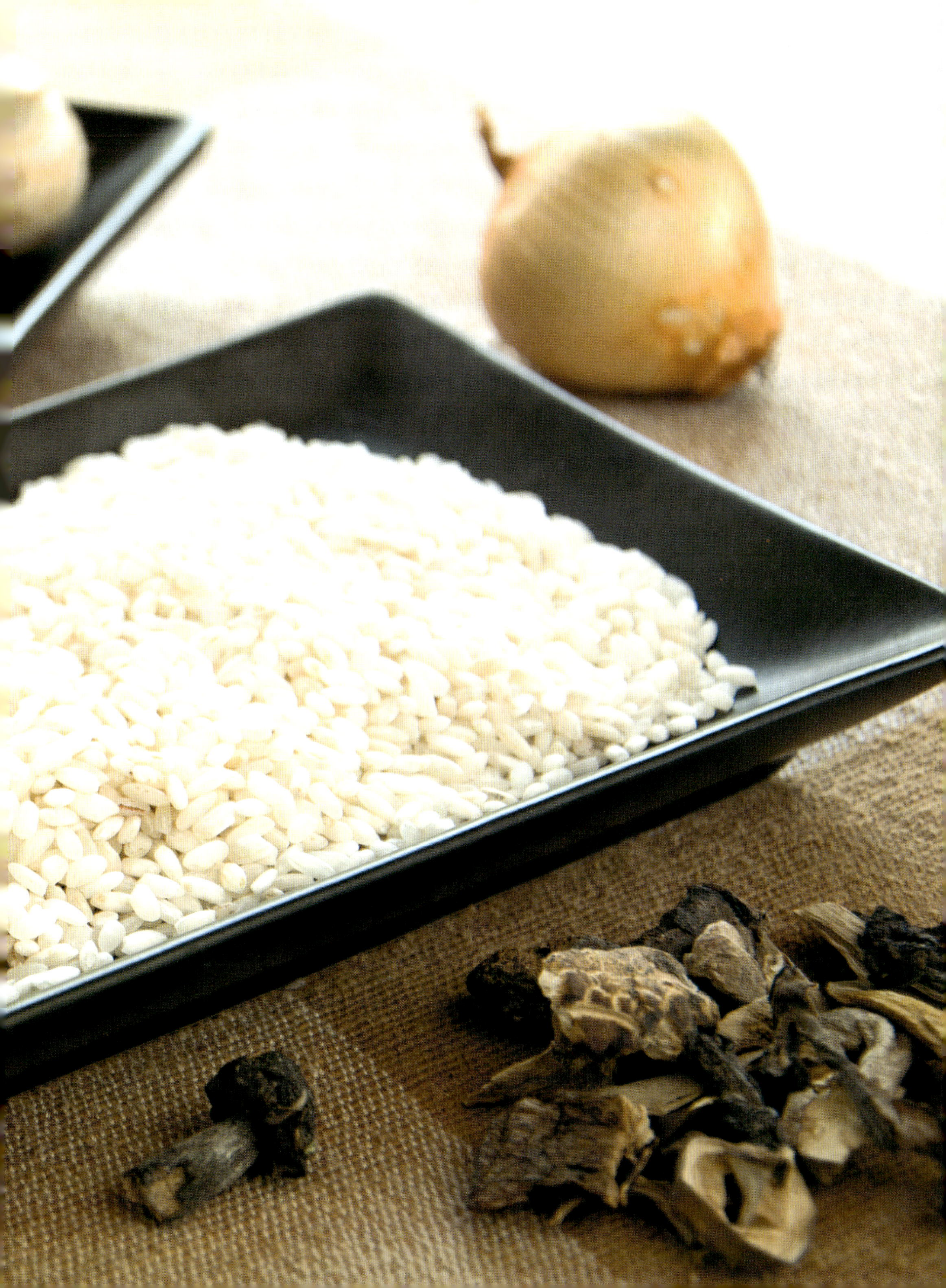

Risoto

Baião de dois

3 colheres (sopa) de azeite
4 colheres (sopa) de cebola picada
1 dente de alho picado
1 e 1/2 xícara (chá) de arroz arbório
2/3 de xícara (chá) de cachaça envelhecida em carvalho
1,2 litro de caldo de carne
1 xícara (chá) de feijão-fradinho cozido
1 xícara (chá) de carne-seca desfiada
1/2 xícara (chá) de queijo coalho ralado
1 colher (sopa) de manteiga gelada
Sal a gosto

Em uma panela, coloque o azeite, a cebola, o alho e frite rapidamente. Acrescente o arroz e a cachaça. Quando a cachaça secar, vá adicionando o caldo de carne quente, aos poucos, mexendo sempre. Perto do fim do preparo adicione o feijão-fradinho e a carne-seca. Quando o arroz estiver macio e com um pouco de líquido, acrescente o queijo coalho. Misture até o queijo derreter um pouco. Desligue, junte a manteiga, acerte o sal e mexa delicadamente. Sirva a seguir.

Rendimento: 4 porções
Tempo de Preparo: 40 minutos

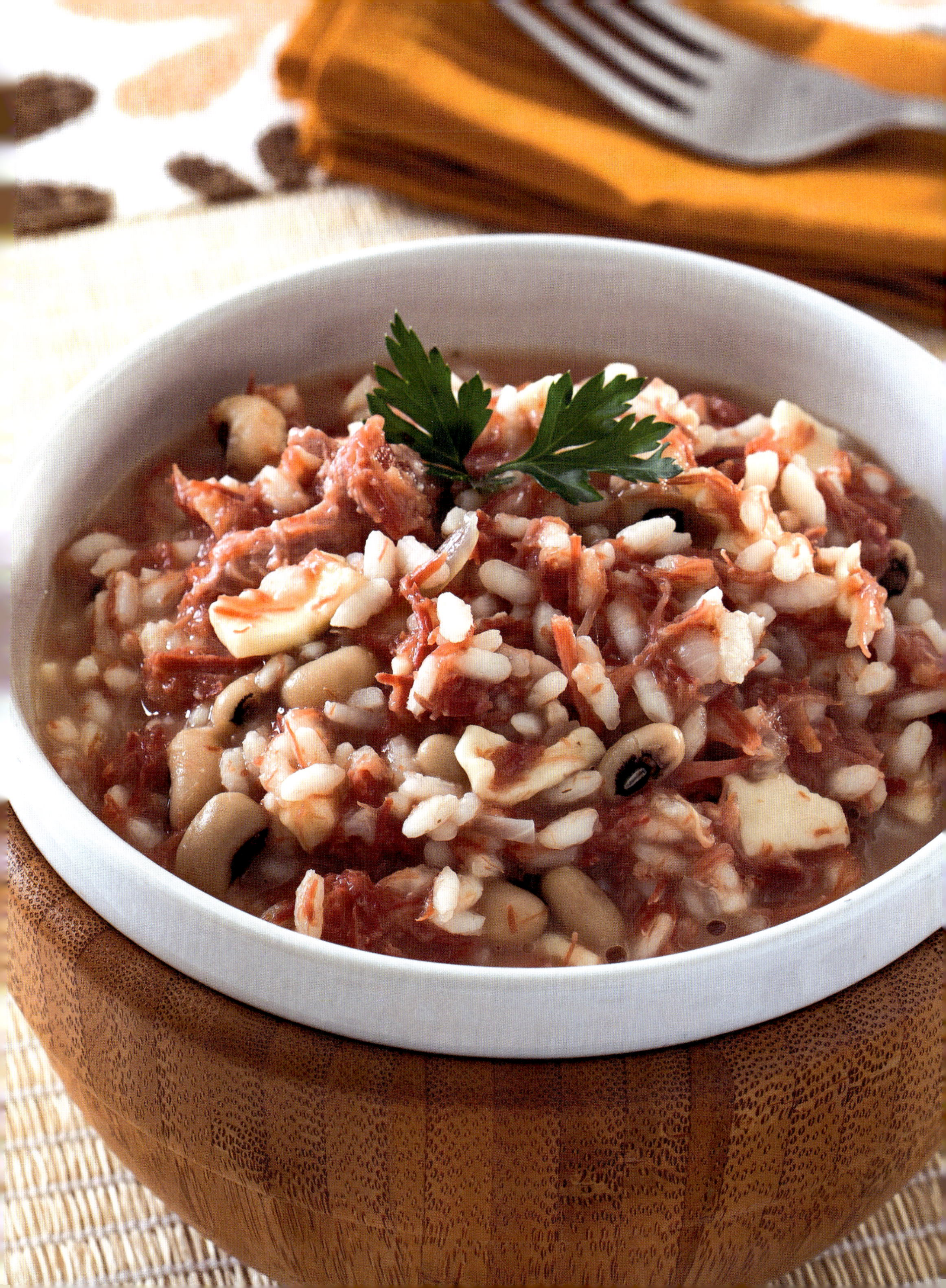

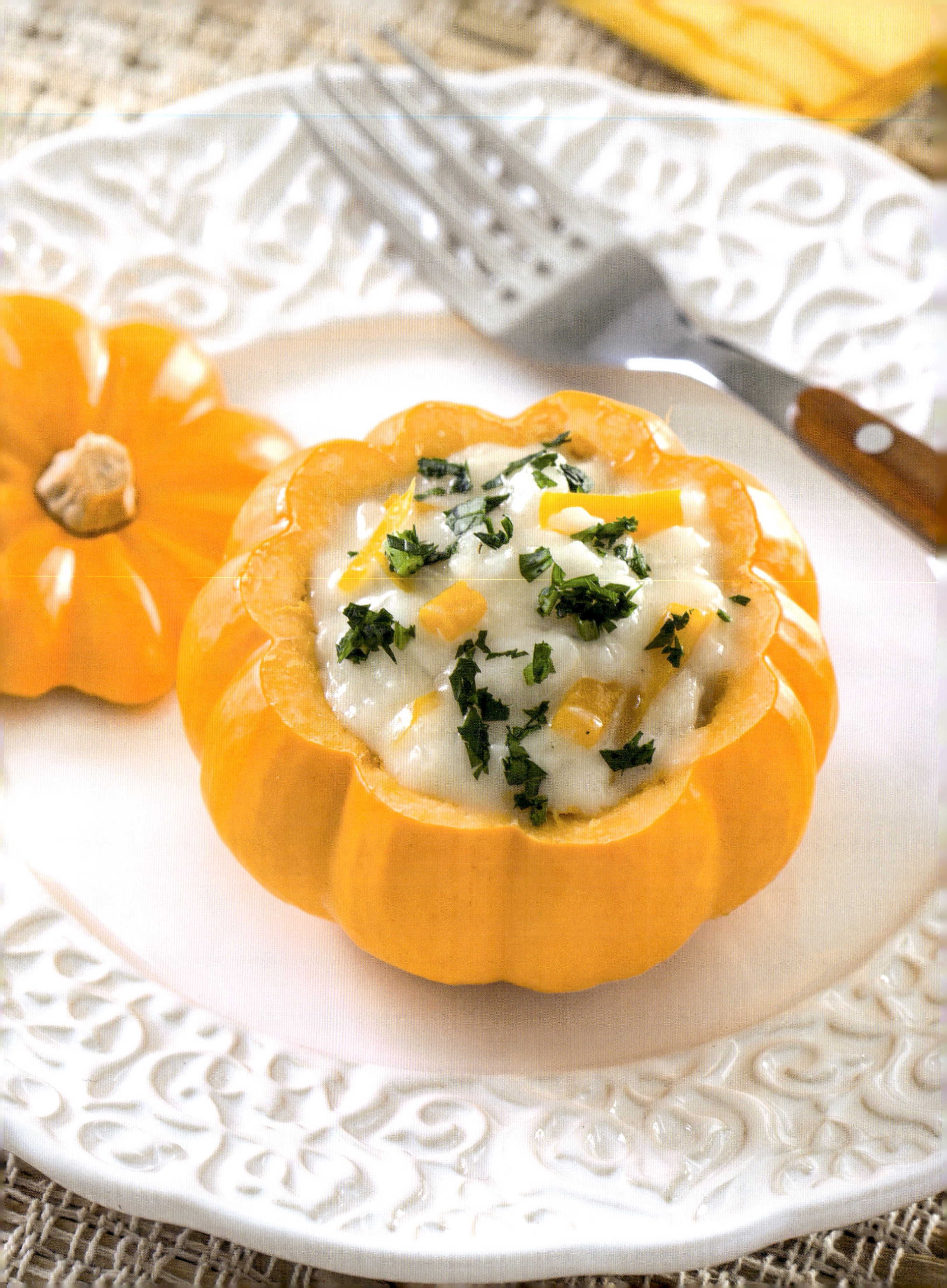

Risoto de Abóbora

1 colher (sopa) de azeite
2 colheres (sopa) de cebola picada
1 dente de alho picado
1 e 1/2 xícara (chá) de arroz arbório
1 xícara (chá) de cachaça
1 colher (chá) de sementes de endro
1,2 litro de caldo de legumes
200 g de abóbora cortada em fatias
1/2 xícara (chá) de queijo minas padrão ralado
1 colher (sopa) de manteiga gelada
Sal a gosto
Salsa picada a gosto

Em uma panela coloque o azeite e frite a cebola e o alho. Acrescente o arroz, a cachaça e o endro. Quando a cachaça secar, vá adicionando o caldo de legumes quente, aos poucos, mexendo sempre. Adicione a abóbora em tiras. Quando o arroz estiver macio e com um pouco de líquido, acrescente o queijo minas padrão. Misture até o queijo derreter. Desligue o fogo e acrescente a manteiga e o sal. Sirva a seguir polvilhado com a salsa.

Rendimento: 4 porções
Tempo de Preparo: 40 minutos

Risoto de
Abobrinha com peito de peru

1 colher (sopa) de azeite
2 colheres (sopa) de cebola picada
1 dente de alho picado
1 e 1/2 xícara (chá) de arroz carnaroli
1 xícara (chá) de vinho branco seco
1 colher (chá) de sementes de coentro moídas
1,2 litro de caldo de galinha
1 abobrinha média cortada em cubos
200 g de peito de peru em cubos
2 colheres (sopa) de queijo grana padano ralado
2 colheres (sopa) de manteiga gelada
Sal a gosto
Salsa picada a gosto

Em uma panela coloque o azeite e frite a cebola e o alho. Acrescente o arroz, o vinho branco seco e as sementes de coentro. Quando o vinho secar, vá adicionando o caldo de galinha quente, aos poucos, mexendo sempre. Acrescente a abobrinha e o peito de peru. Quando o arroz estiver macio e com um pouco de líquido, acrescente o queijo grana padano. Misture até o queijo derreter. Desligue o fogo e acrescente a manteiga, o sal e a salsa. Sirva a seguir.

Rendimento: 4 porções
Tempo de Preparo: 40 minutos

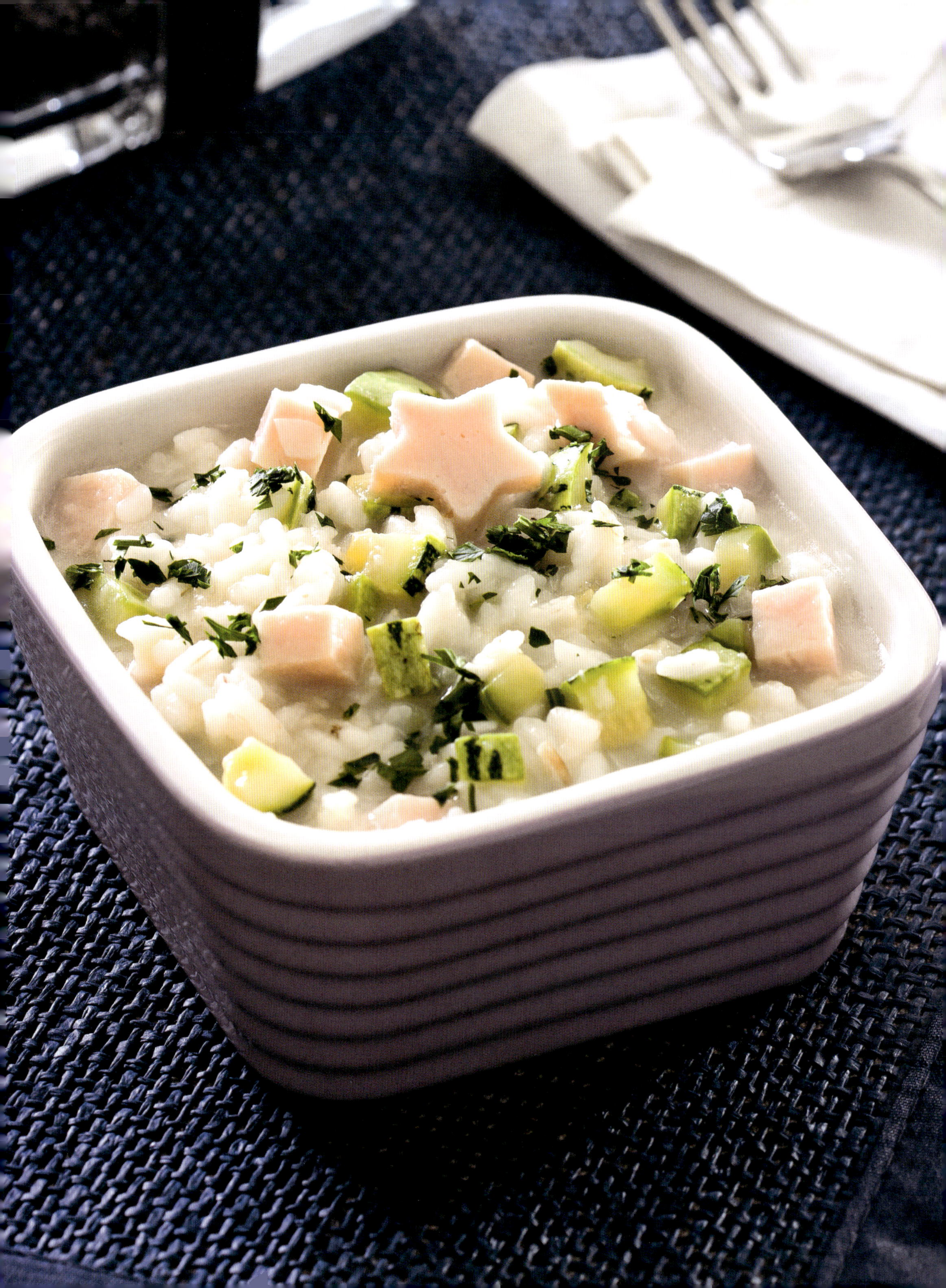

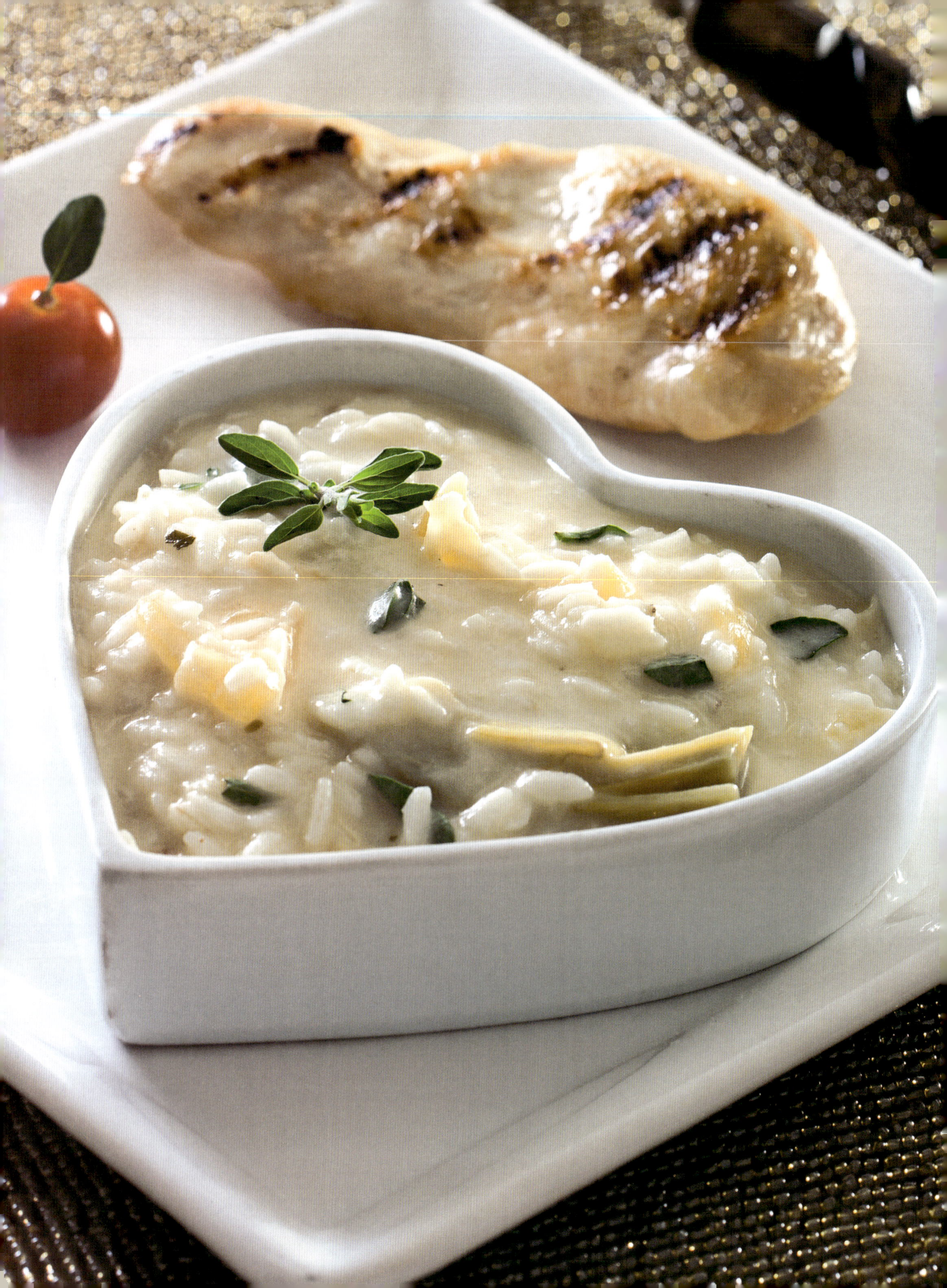

Risoto de
Alcachofra com queijo prato

5 colheres (sopa) de azeite
4 colheres (sopa) de cebola picada
1 dente de alho picado
1 e 1/2 xícara (chá) de arroz carnaroli
2/3 de xícara (chá) de champanhe
1,2 litro de caldo de legumes
1 xícara (chá) de coração de alcachofra picado
1/2 xícara (chá) de queijo prato ralado
2 colheres (sopa) de manjerona
Sal a gosto

Em uma panela, coloque duas colheres (sopa) de azeite, a cebola, o alho e frite rapidamente. Acrescente o arroz e a champanhe. Quando a champanhe secar, vá adicionando o caldo de legumes quente, aos poucos, mexendo sempre. Perto do fim do preparo adicione o coração de alcachofra. Quando o arroz estiver macio e com um pouco de líquido, acrescente o queijo prato. Misture até o queijo derreter. Desligue, adicione a manjerona e o azeite restante. Acerte o sal e mexa delicadamente. Sirva a seguir.

Rendimento: 4 porções
Tempo de Preparo: 40 minutos

Risoto de
Queijos e azeite de nozes

1 e 1/2 xícara (chá) de arroz arbório
2 dentes de alho picados
1 pitada de noz-moscada
2/3 de xícara (chá) de vinho branco seco
1,2 litro de caldo de legumes
4 colheres (sopa) de queijo grana padano ralado
4 colheres (sopa) de queijo roquefort picado
2/3 de xícara (chá) de queijo muçarela de búfala picada
2/3 de xícara (chá) de queijo camembert picado
Sal a gosto
4 colheres (sopa) de cebolinha picada
Azeite de nozes para servir

Em uma panela, junte o arroz, o alho, a noz-moscada e o vinho. Leve ao fogo e, quando o vinho secar, adicione o caldo de legumes quente, aos poucos, mexendo sempre. Quando o arroz estiver macio e com um pouco de líquido, acrescente os queijos e misture até derreterem e o arroz ficar cremoso. Acerte o sal, polvilhe a cebolinha e sirva a seguir regado com azeite de nozes.

Rendimento: 4 porções
Tempo de Preparo: 40 minutos

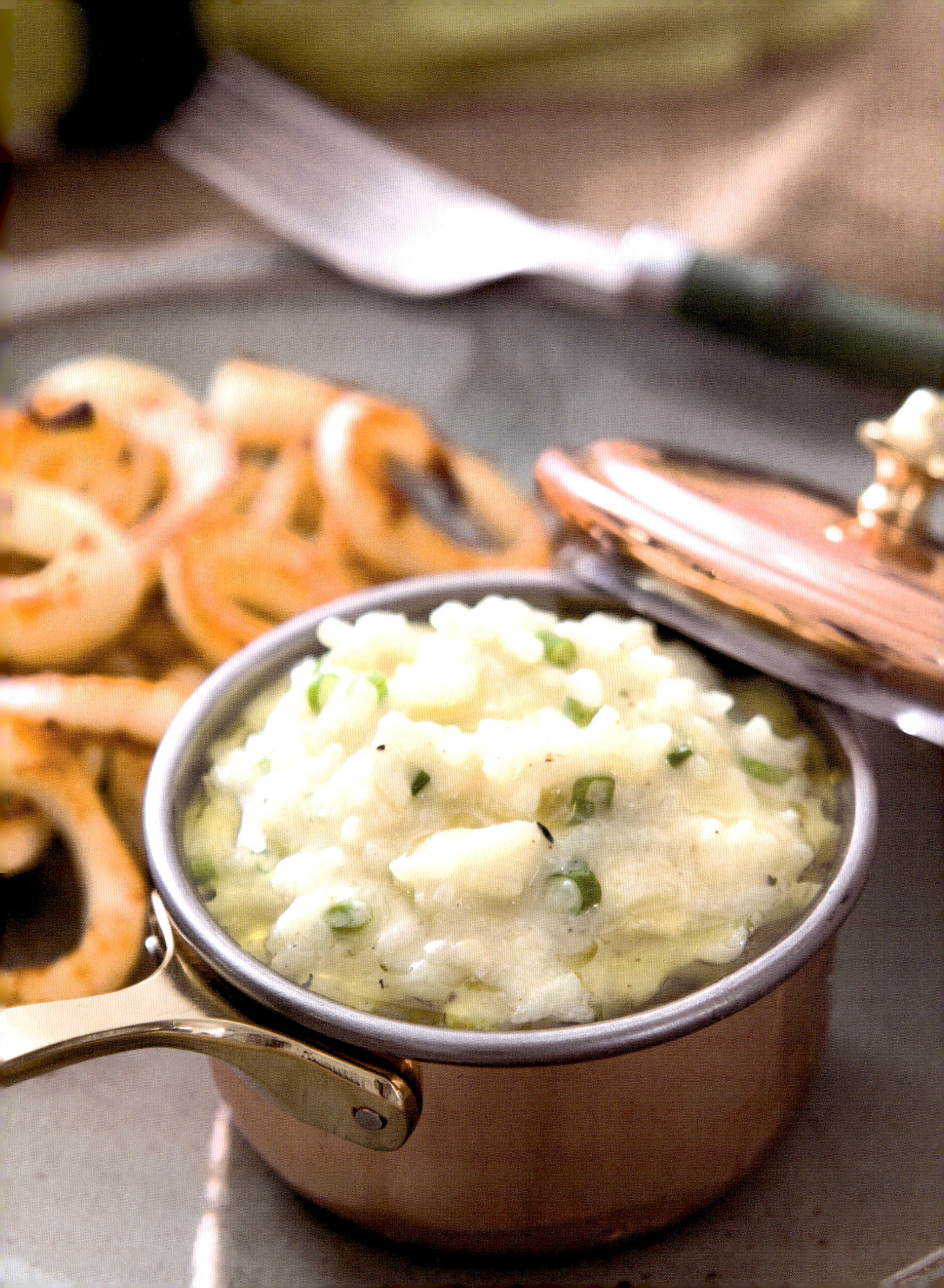

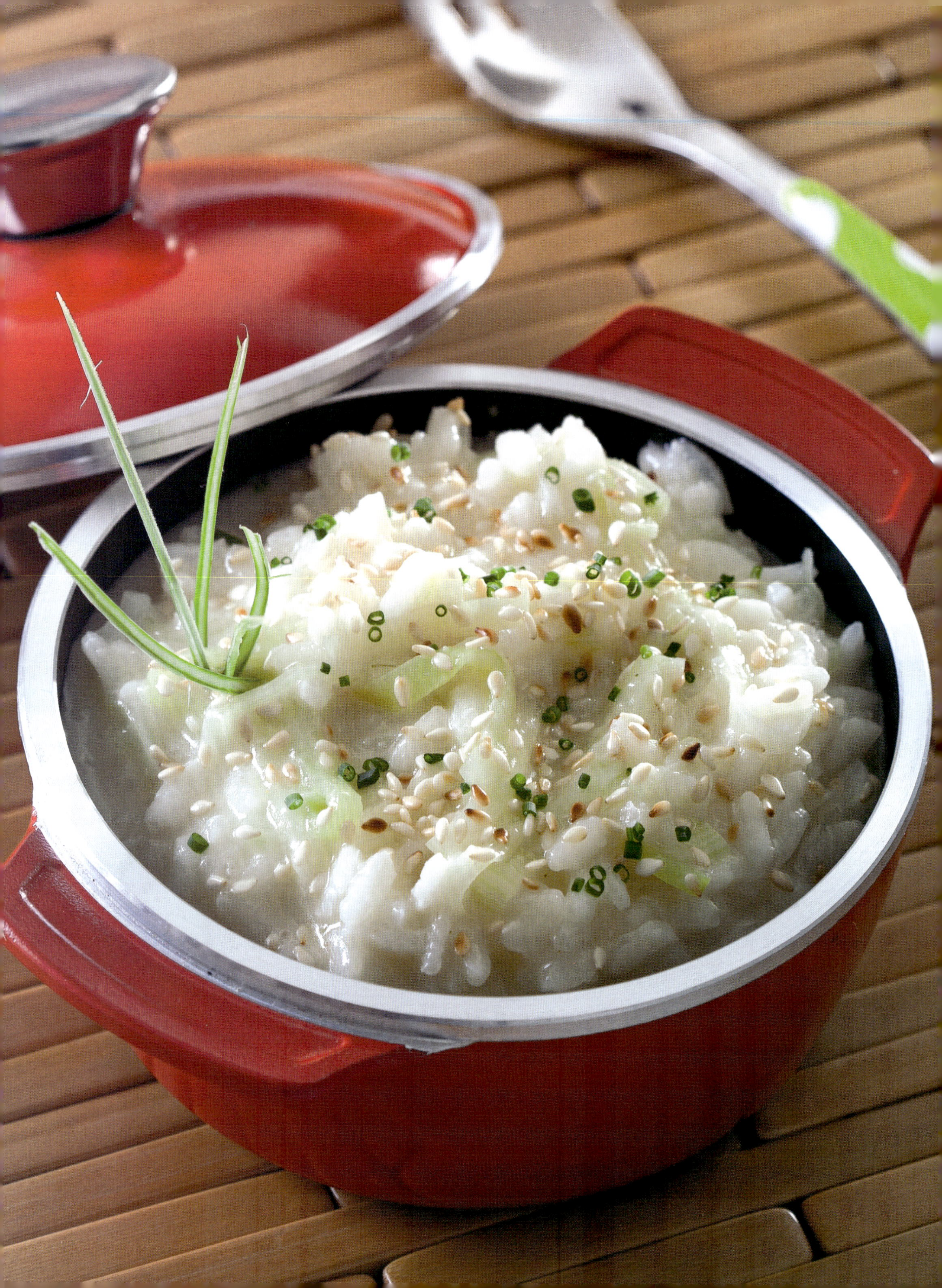

Risoto de
Alho-poró e queijo montanhês

2 colheres (sopa) de azeite
1 dente de alho picado
1 e 1/2 xícara (chá) de arroz arbório
1 xícara (chá) de vinho branco seco
1,2 litro de caldo de legumes
1 e 1/2 xícara (chá) de alho-poró cortado em rodelas
1 xícara (chá) de queijo montanhês ralado
1 colher (sopa) de manteiga gelada
2 colheres (sopa) de ciboulette picada
Sal a gosto
1 colher (sopa) de sementes de gergelim branca torradas

Em uma panela coloque o azeite e frite o alho. Acrescente o arroz e o vinho branco seco. Quando o vinho secar, vá adicionando o caldo de legumes quente, aos poucos, mexendo sempre. No meio do cozimento, acrescente o alho-poró. Quando o arroz estiver macio e com um pouco de líquido, junte o queijo montanhês. Misture até o queijo derreter. Desligue o fogo e acrescente a manteiga e a ciboulette. Acerte o sal, polvilhe o gergelim e sirva a seguir.

Rendimento: 4 porções
Tempo de Preparo: 40 minutos

Risoto de *Aliche*

3 colheres (sopa) de azeite
1 colher (sopa) de alho picado
1 e 1/2 xícara (chá) de arroz arbório
2/3 de xícara (chá) de vinho branco seco
1/2 colher (chá) de curry
1,2 litro de caldo de peixe
1 xícara (chá) de molho de tomate
4 filés de aliche
1/2 xícara (chá) de queijo parmesão ralado
1 colher (sopa) de manteiga gelada
Sal a gosto
1 colher (sopa) de coentro picado
1 colher (sopa) de salsa picada

Em uma panela, coloque o azeite, o alho e frite rapidamente. Acrescente o arroz, o vinho e o curry. Quando o vinho secar, vá adicionando o caldo de peixe quente, aos poucos, mexendo sempre. Na metade do preparo adicione o molho de tomate e os filés de aliche. Quando o arroz estiver macio e com um pouco de líquido, acrescente o queijo parmesão. Misture até o queijo derreter. Desligue, junte a manteiga, acerte o sal e mexa delicadamente. Finalize com o coentro e a salsa e sirva a seguir.

Rendimento: 4 porções
Tempo de Preparo: 40 minutos

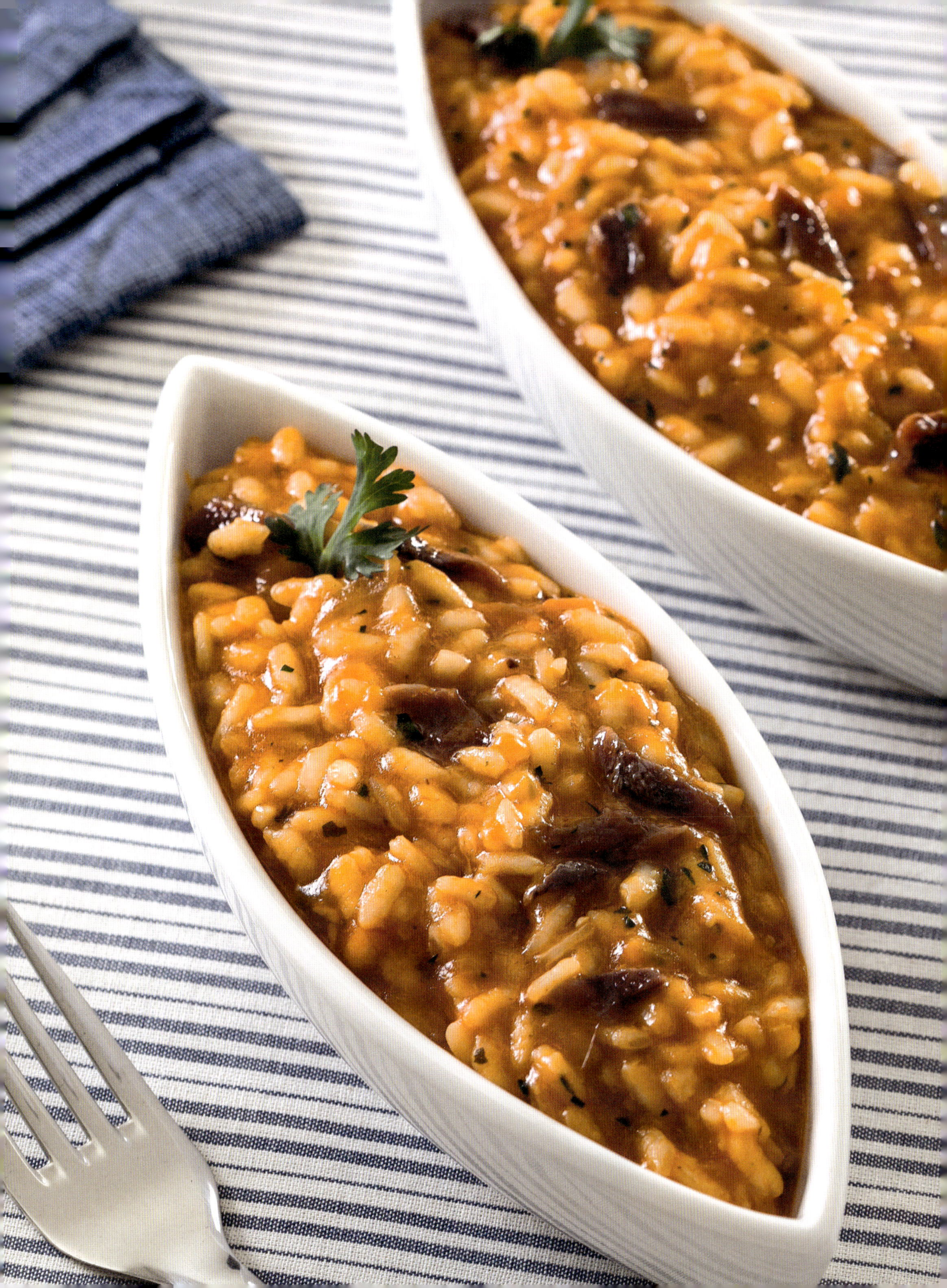

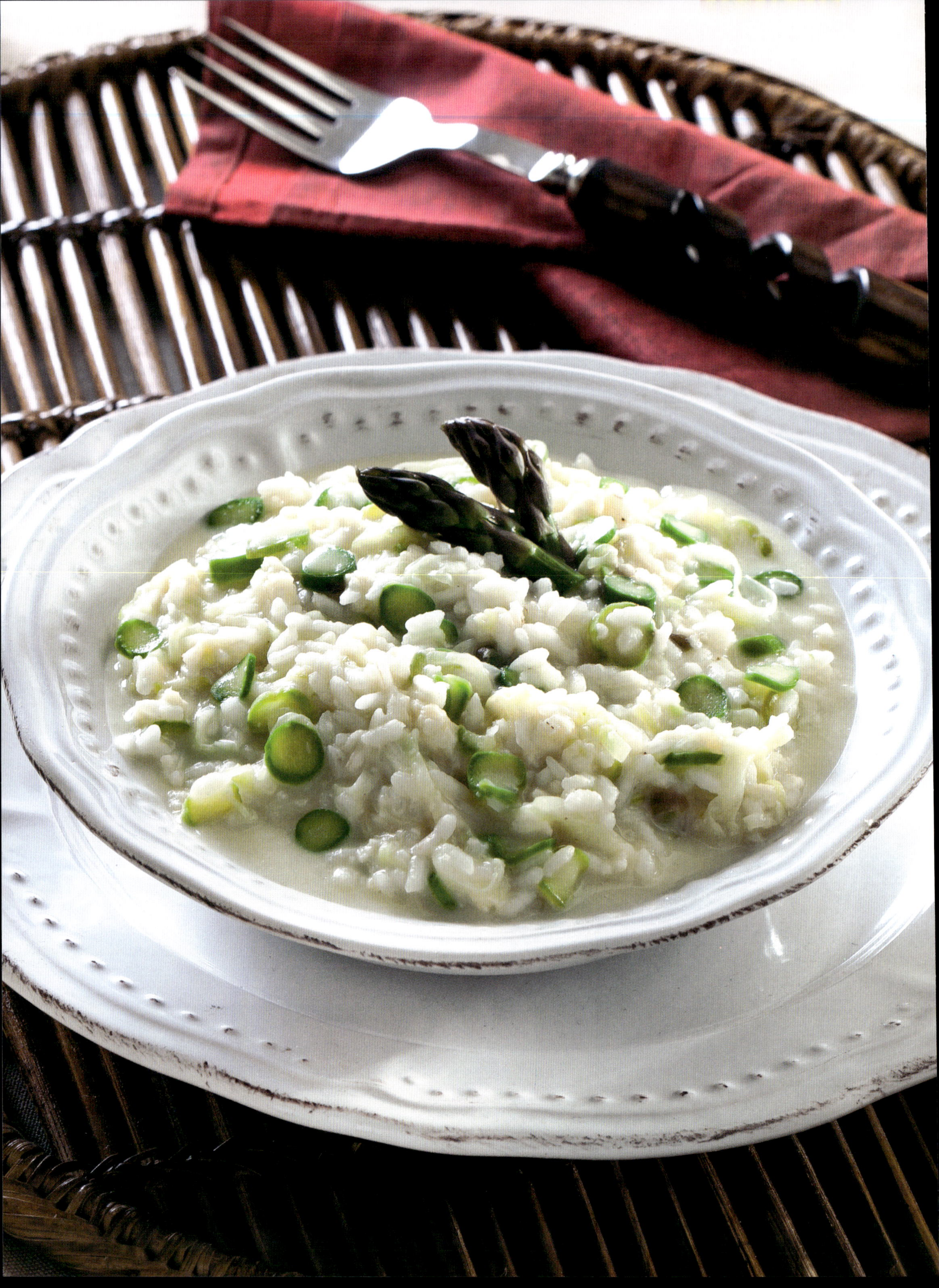

Risoto de *Aspargos*

2 colheres (sopa) de azeite
4 colheres (sopa) de cebola picada
1 e 1/2 xícara (chá) de arroz carnaroli
3/4 de xícara (chá) de vinho branco seco
Pimenta-do-reino a gosto
1,2 litro de caldo de legumes
1 xícara (chá) de aspargos cortados em rodelas
1 xícara (chá) de alho-poró cortado em rodelas
3 colheres (sopa) de queijo parmigiano reggiano ralado
1 colher (sopa) de queijo minas frescal picado
2 colheres (sopa) de manteiga gelada
Sal a gosto

Em uma panela coloque o azeite e frite a cebola. Acrescente o arroz, o vinho branco seco e a pimenta-do-reino. Quando o vinho secar, vá adicionando o caldo de legumes quente, aos poucos, mexendo sempre. Quase no final do cozimento, junte os aspargos e o alho-poró. Quando o arroz estiver macio e com um pouco de líquido acrescente o parmigiano reggiano. Misture até o queijo derreter. Desligue o fogo e acrescente o queijo minas frescal e a manteiga. Acerte o sal e sirva a seguir.

Rendimento: 4 porções
Tempo de Preparo: 40 minutos

Risoto de
Azeitonas e minimilho

2 colheres (sopa) de azeite
3 colheres (sopa) de cebola picada
1 dente de alho picado
1 e 1/2 xícara (chá) de arroz carnaroli
2/3 de xícara (chá) de prosseco
1,2 litro de caldo de legumes
1/2 xícara (chá) de minimilho picado
3 colheres (sopa) de azeitonas verdes cortadas em tiras
3 colheres (sopa) de queijo saint paulin ralado
1 colher (sopa) de manteiga gelada
Sal e pimenta chilli em pó a gosto
1 colher (sopa) de salsa picada

Em uma panela, coloque o azeite e refogue a cebola e o alho até ter uma aparência translúcida. Acrescente o arroz e refogue mais um pouco. Adicione o prosseco. Quando secar, vá adicionando o caldo de legumes quente, aos poucos, mexendo sempre. Quando o arroz estiver macio e com um pouco de líquido, acrescente o minimilho, as azeitonas e o queijo saint paulin. Misture até o queijo derreter. Desligue, junte a manteiga, acerte o sal e a pimenta e mexa delicadamente. Sirva a seguir com a salsa polvilhada por cima.

Rendimento: 4 porções
Tempo de Preparo: 40 minutos

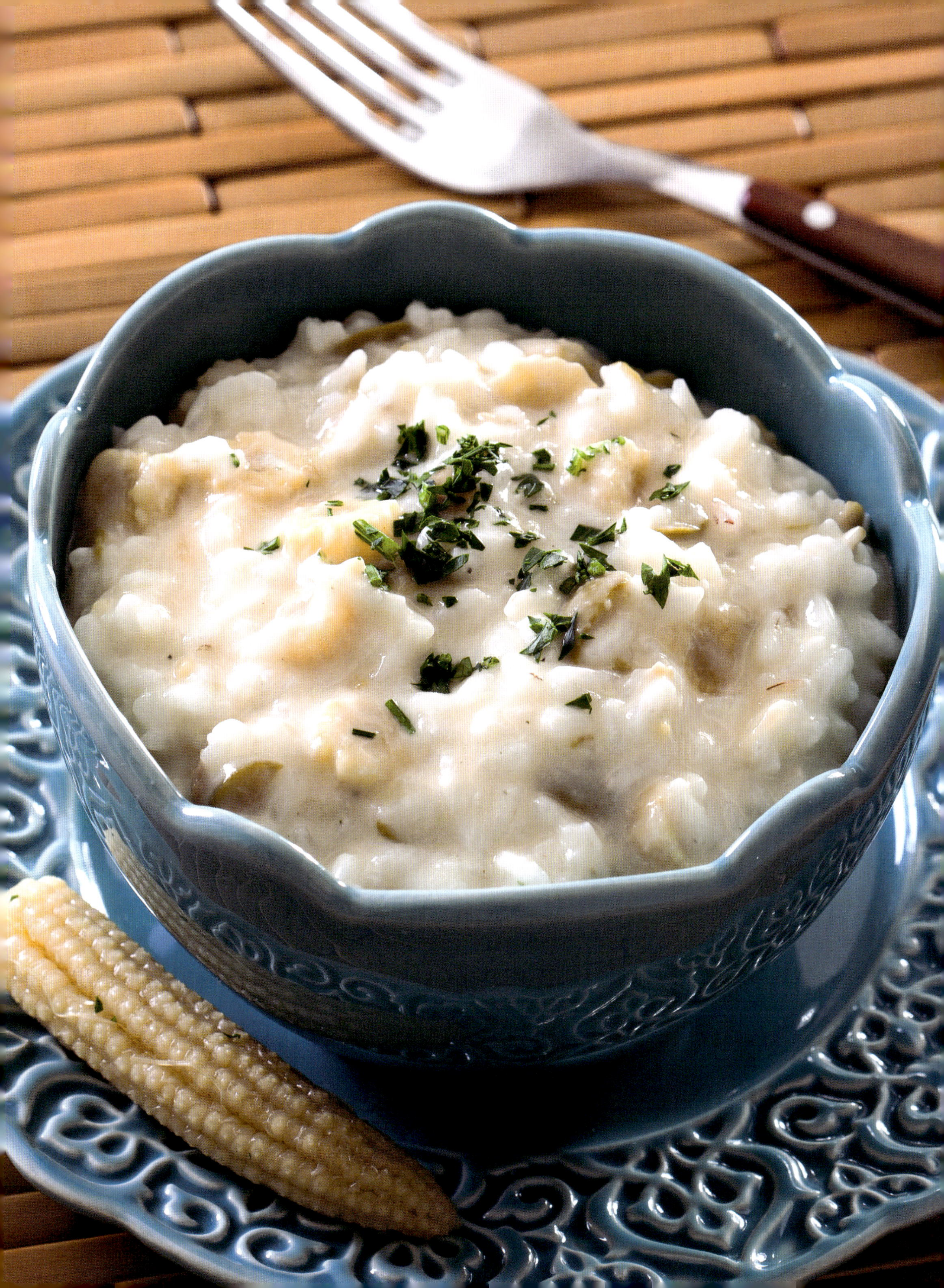

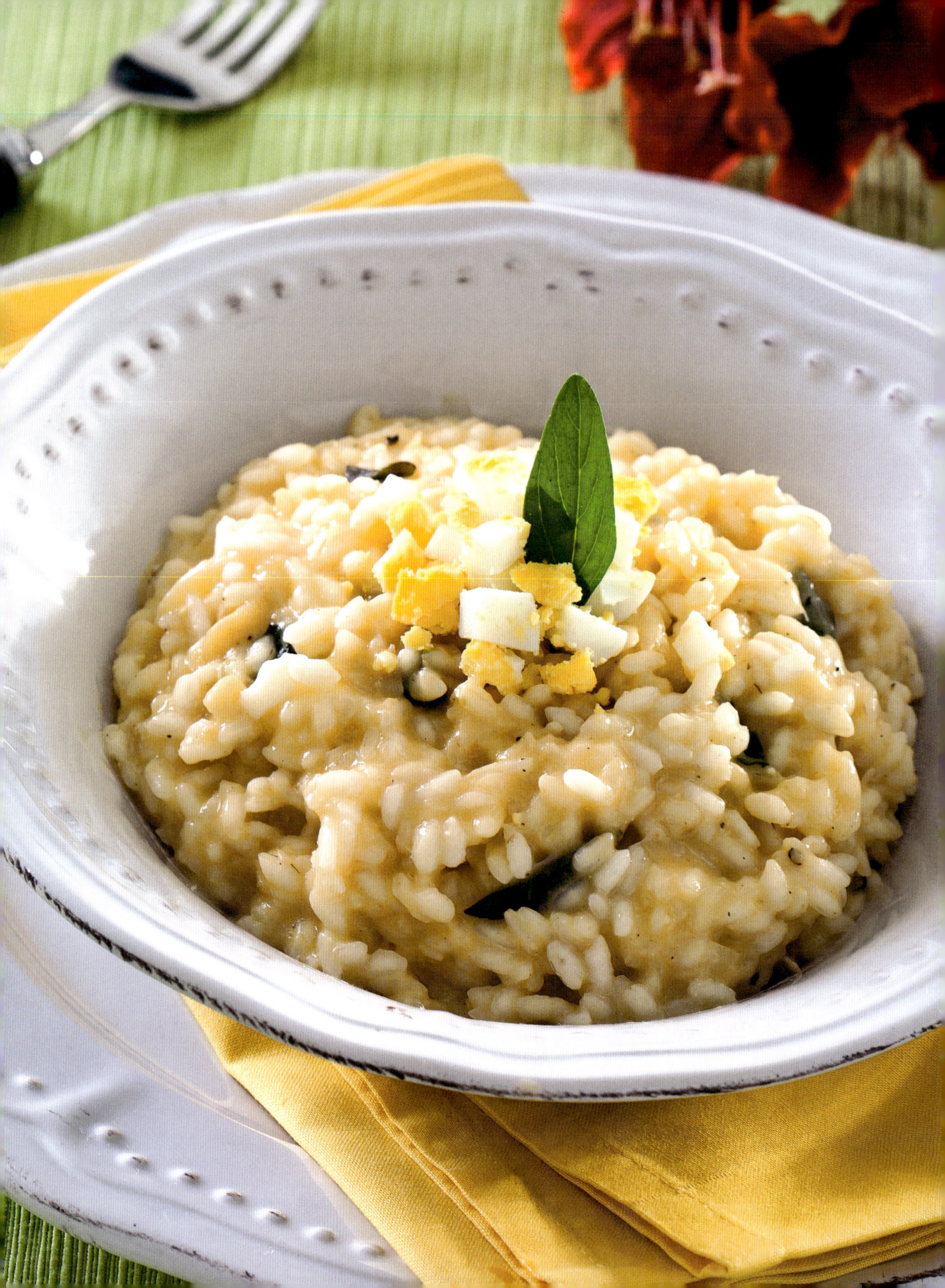

Risoto de *Bacalhau*

3 colheres (sopa) de azeite
4 colheres (sopa) de cebola picada
1 dente de alho picado
2 colheres (chá) de colorífico
1 xícara (chá) de bacalhau dessalgado e desfiado
1 e 1/2 xícara (chá) de arroz vialone nano
2/3 de xícara (chá) de vinho branco seco
1,2 litro de caldo de peixe
1/2 xícara (chá) de queijo parmesão ralado
2 colheres (sopa) de manjericão
1 colher (sopa) de manteiga gelada
Sal a gosto
3 ovos cozidos picados

Em uma panela, coloque o azeite, a cebola, o alho, o colorífico e frite rapidamente. Acrescente o bacalhau e frite mais um pouco. Adicione o arroz e o vinho. Quando o vinho secar, vá adicionando o caldo de peixe quente, aos poucos, mexendo sempre. Quando o arroz estiver macio e com um pouco de líquido, acrescente o queijo parmesão. Misture até o queijo derreter. Desligue, junte o manjericão e a manteiga, acerte o sal e mexa delicadamente. Finalize com os ovos por cima e sirva a seguir.

Rendimento: 4 porções
Tempo de Preparo: 40 minutos

Risoto de
Brócolis e bacon

3 colheres (sopa) de azeite
4 colheres (sopa) de cebola picada
2 dentes de alho picados
1 e 1/2 xícara (chá) de arroz arbório integral
2/3 de xícara (chá) de vinho branco seco
1,8 litro de caldo de legumes
1 xícara (chá) de brócolis em floretes
1 colher (chá) de orégano
1/2 xícara (chá) de queijo parmesão ralado
1 colher (sopa) de manteiga gelada
Bacon frito para decorar
Sal a gosto

Em uma panela, coloque o azeite, a cebola, o alho e frite rapidamente. Acrescente o arroz e o vinho. Quando o vinho secar, vá adicionando o caldo de legumes quente, aos poucos, mexendo sempre. Perto do fim do preparo, adicione o brócolis e o orégano para evitar que fique muito mole. Quando o arroz estiver macio e com um pouco de líquido, acrescente o queijo parmesão. Misture até o queijo derreter. Desligue, junte a manteiga, acerte o sal e mexa delicadamente. Sirva a seguir com o bacon frito por cima.

Rendimento: 4 porções
Tempo de Preparo: 1 hora

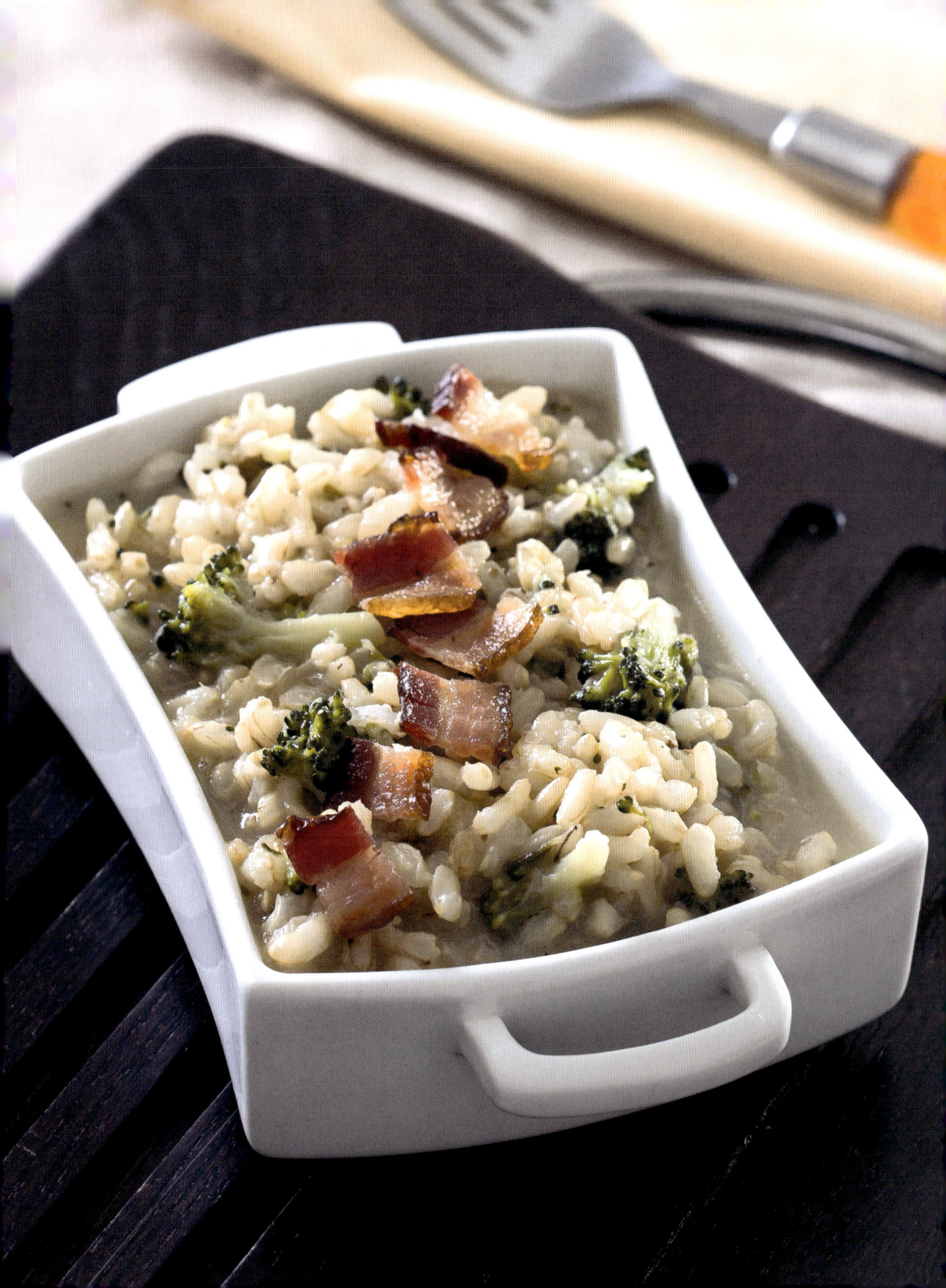

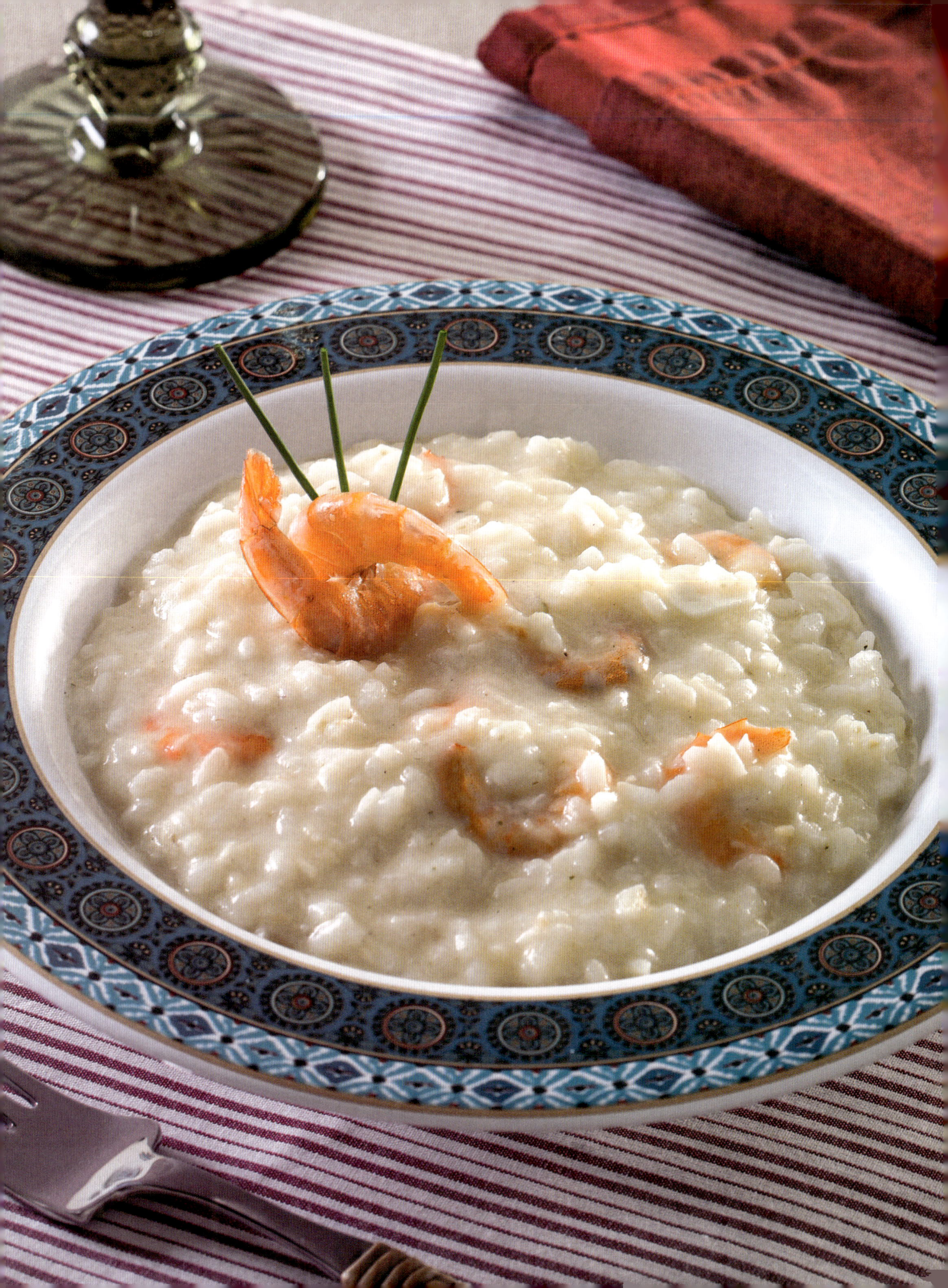

Risoto de *Camarão*

2 colheres (sopa) de azeite
300 g de camarão limpo
Sal e pimenta-do-reino a gosto
1 dente de alho picado
2 colheres (sopa) de cebola picada
1 e 1/2 xícara (chá) de arroz vialone nano
1 xícara (chá) de cachaça
1 pitada de cardamomo em pó
1,2 litro de caldo de peixe
2 colheres (sopa) de queijo pecorino ralado
2 colheres (sopa) de manteiga gelada

Em uma frigideira coloque uma colher (sopa) de azeite e frite os camarões. Tempere com sal, pimenta e reserve. Em uma panela coloque o restante do azeite e frite a cebola. Acrescente o arroz, a cachaça e o cardamomo. Quando a cachaça secar, vá adicionando o caldo de peixe quente, aos poucos, mexendo sempre. Quando o arroz estiver macio e com um pouco de líquido, acrescente o queijo pecorino. Misture até o queijo derreter. Desligue o fogo, acrescente a manteiga e acerte o sal. Coloque os camarões por cima e sirva a seguir.

Rendimento: 4 porções
Tempo de Preparo: 45 minutos

Risoto de
Palmito, abobrinha e gorgonzola

1 colher (sopa) de azeite
2 colheres (sopa) de cebola picada
1 dente de alho picado
3/4 de xícara (chá) de arroz carnaroli
1/3 de xícara (chá) de prosecco
1 pitada de cravo em pó
1/2 colher (chá) de gengibre em pó
1,2 litro de caldo de legumes
1/3 de xícara (chá) de palmito picado
1/3 de xícara (chá) de abobrinha em conserva picada
1/3 de xícara (chá) de queijo gorgonzola picado
1 colher (sopa) de manteiga gelada
Sal a gosto
1 colher (chá) de dill picado
Pimenta-rosa para decorar

Em uma panela, aqueça o azeite e frite a cebola e o alho rapidamente. Junte o arroz, o prosecco, o cravo e o gengibre. Quando o prosecco secar, adicione o caldo de legumes quente, aos poucos, mexendo sempre. No meio do cozimento, acrescente o palmito e a abobrinha. Quando o arroz estiver macio e com um pouco de líquido, acrescente o queijo gorgonzola, a manteiga, o sal e misture até derreter e o arroz ficar cremoso. Polvilhe o dill e sirva a seguir, decorado com pimenta-rosa.

Rendimento: 4 porções
Tempo de Preparo: 40 minutos

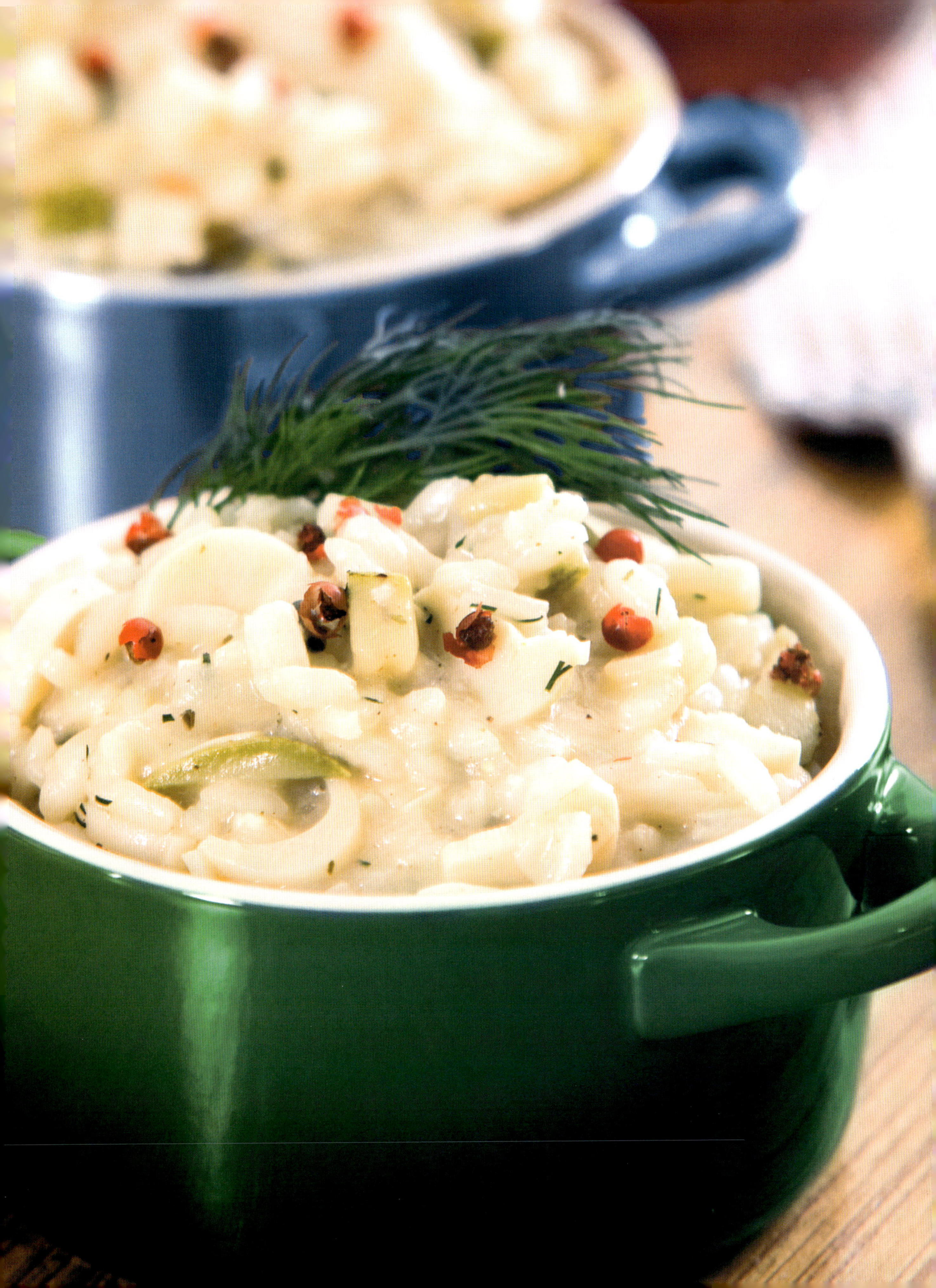

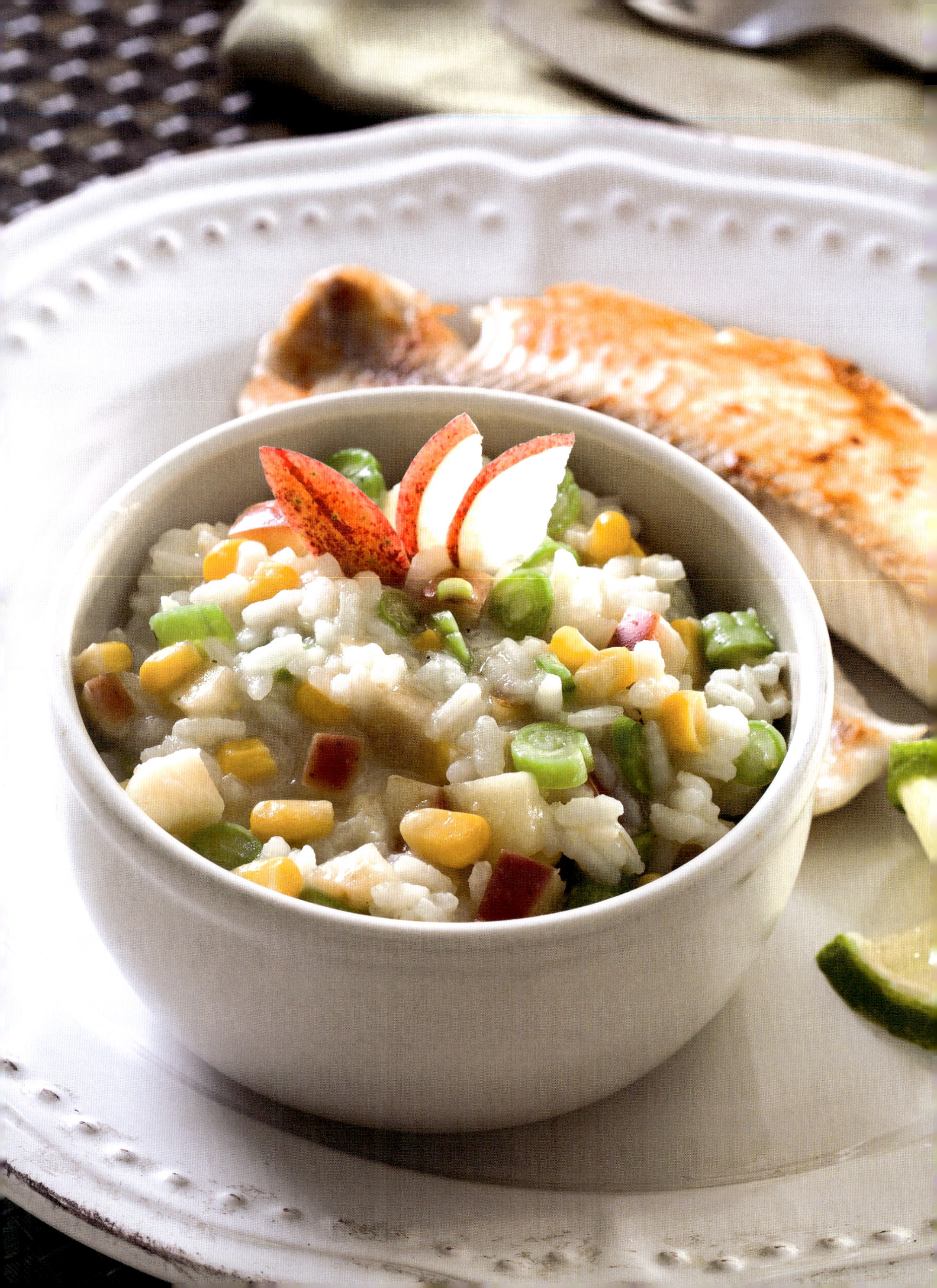

Risoto de Milho, vagem e maçã

3 colheres (sopa) de azeite
2 colheres (sopa) de cebola picada
1 colher (sopa) de folhas de sálvia
1 e 1/2 xícara (chá) de arroz carnaroli
2/3 de xícara (chá) de vinho branco seco
1,2 litro de caldo de legumes
1/2 lata de milho verde
1/2 xícara (chá) de vagem fresca picada em cubos
1/2 xícara (chá) de maçã picada em cubos
3 colheres (sopa) de queijo parmesão
1 colher (sopa) de manteiga gelada
Sal a gosto

Em uma panela, coloque o azeite, a cebola e a sálvia e frite rapidamente. Acrescente o arroz e o vinho. Quando o vinho secar, vá adicionando o caldo de legumes quente, aos poucos, mexendo sempre. Na metade do preparo adicione o milho, a vagem e a maçã para que não amoleça muito. Quando o arroz estiver macio e com um pouco de líquido, acrescente o queijo parmesão. Misture até o queijo derreter. Desligue, junte a manteiga, acerte o sal e mexa delicadamente. Sirva a seguir.

Rendimento: 4 porções
Tempo de Preparo: 40 minutos

Risoto à Gremolata

6 colheres (sopa) de azeite
4 colheres (sopa) de cebola picada
1 e 1/2 xícara (chá) de arroz vialone nano
2/3 de xícara (chá) de vinho branco seco
1,2 litro de caldo de legumes
3 colheres (sopa) de salsa picada
2 colheres (sopa) de alho picado
3 colheres (sopa) de raspas de limão-siciliano
2 colheres (sopa) de queijo parmesão ralado
Sal a gosto

Em uma panela, coloque quatro colheres (sopa) de azeite, a cebola e frite rapidamente. Acrescente o arroz e o vinho. Quando o vinho secar, vá adicionando o caldo de legumes quente, aos poucos, mexendo sempre. Quando o arroz estiver macio e com um pouco de líquido, acrescente a gremolata (mistura de salsa, alho e raspas de limão) e o parmesão. Misture até o queijo derreter. Desligue, junte o azeite, acerte o sal e mexa delicadamente. Sirva a seguir.

Rendimento: 4 porções
Tempo de Preparo: 40 minutos

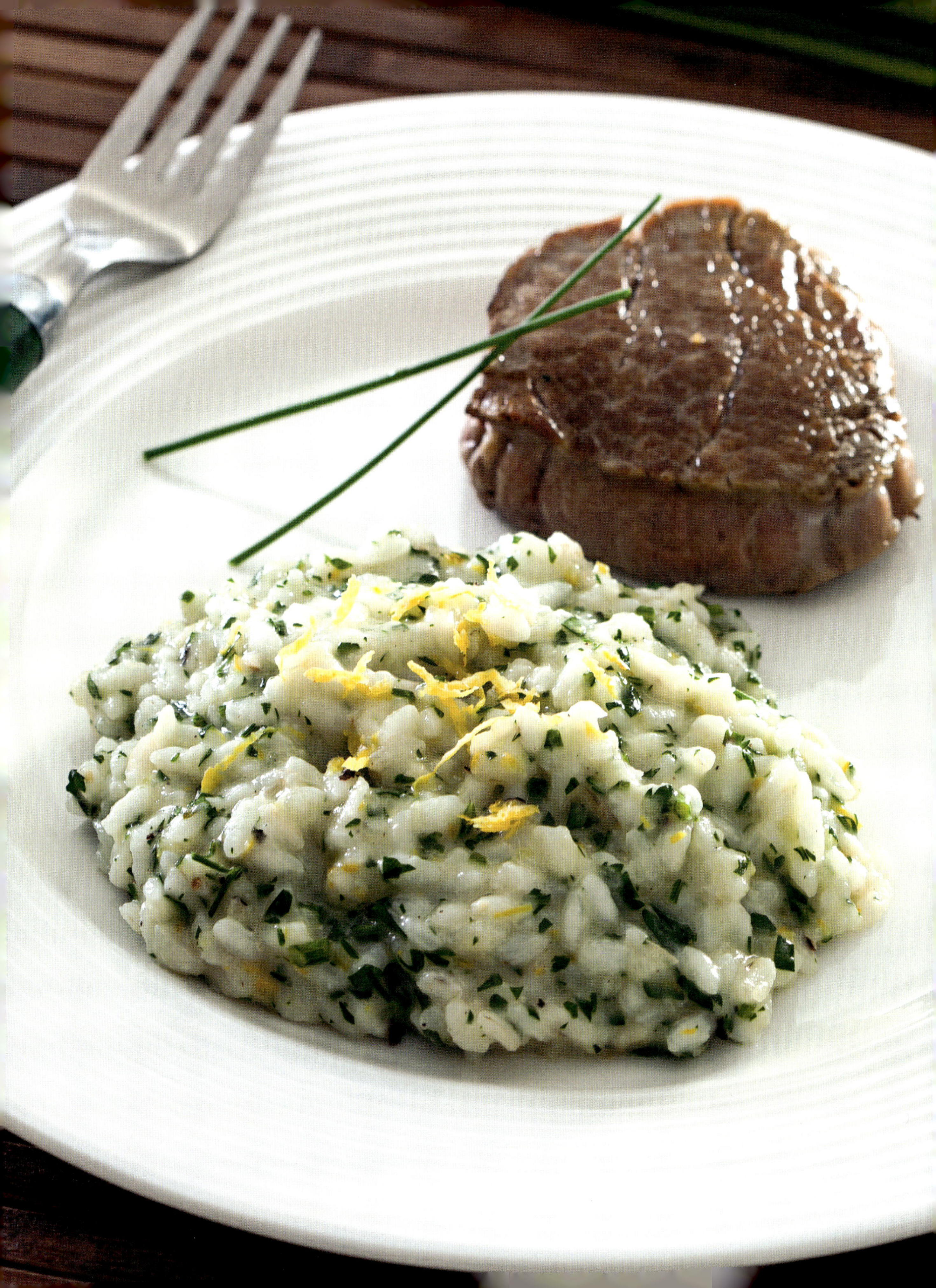

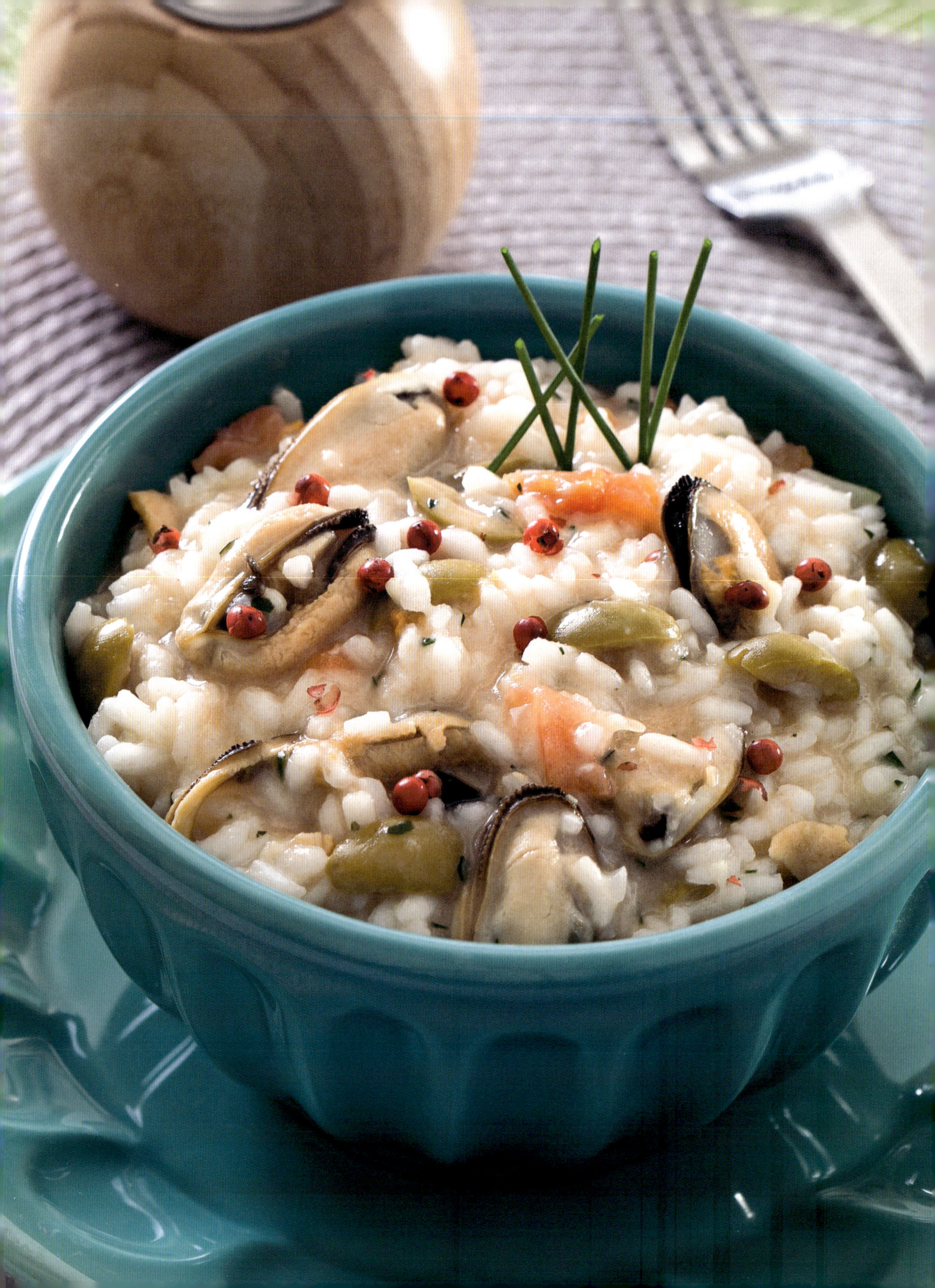

Risoto a *La catalunha*

2 colheres (sopa) de azeite
2 colheres (chá) de alho picado
4 colheres (sopa) de tomate sem pele e sem sementes picado
1 e 1/2 xícara (chá) de arroz arbório
1 xícara (chá) de cava
1,2 litro de caldo de peixe
1/2 xícara (chá) de mexilhões pré-cozidos
2 colheres (sopa) de azeitonas verdes cortadas em tiras
1 xícara (chá) de queijo manchego ralado
1 colher (sopa) de manteiga gelada
Sal a gosto
3 colheres (sopa) de salsa picada
Pimenta-rosa a gosto

Em uma panela, coloque o azeite e refogue o alho e o tomate rapidamente. Acrescente o arroz e a cava. Quando secar, a cava, vá adicionando o caldo de peixe quente, aos poucos, mexendo sempre. Quando o arroz estiver macio e com um pouco de líquido, acrescente os mexilhões, as azeitonas e o queijo manchego. Misture até o queijo derreter. Desligue e adicione a manteiga e o sal. Sirva a seguir com a salsa polvilhada por cima e a pimenta-rosa.

Rendimento: 4 porções
Tempo de Preparo: 40 minutos

Risoto de
Cream cheese com castanha-do-pará

3 colheres (sopa) de azeite
3 colheres (sopa) de cebola picada
1 colher (sopa) de alho picado
1 e 1/2 xícara (chá) de arroz arbório
2/3 de xícara (chá) de conhaque
1,2 litro de caldo de legumes
1/2 xícara (chá) de castanha-do-pará picada
1/2 embalagem de cream cheese (75 g)
1/2 xícara (chá) de queijo parmesão ralado
Sal a gosto
2 colheres (sopa) de salsa picada
1 colher (sopa) de sementes de chia

Em uma panela, coloque o azeite, a cebola, o alho e frite rapidamente. Acrescente o arroz e o conhaque. Quando o conhaque secar, vá adicionando o caldo de legumes quente, aos poucos, mexendo sempre. No final do preparo adicione as castanhas-do-pará. Quando o arroz estiver macio e com um pouco de líquido, acrescente o cream cheese e o queijo parmesão. Misture até o queijo incorporar por inteiro. Desligue, acerte o sal e mexa delicadamente. Finalize com a salsa e sirva a seguir polvilhado com as sementes de chia.

Rendimento: 4 porções
Tempo de Preparo: 40 minutos

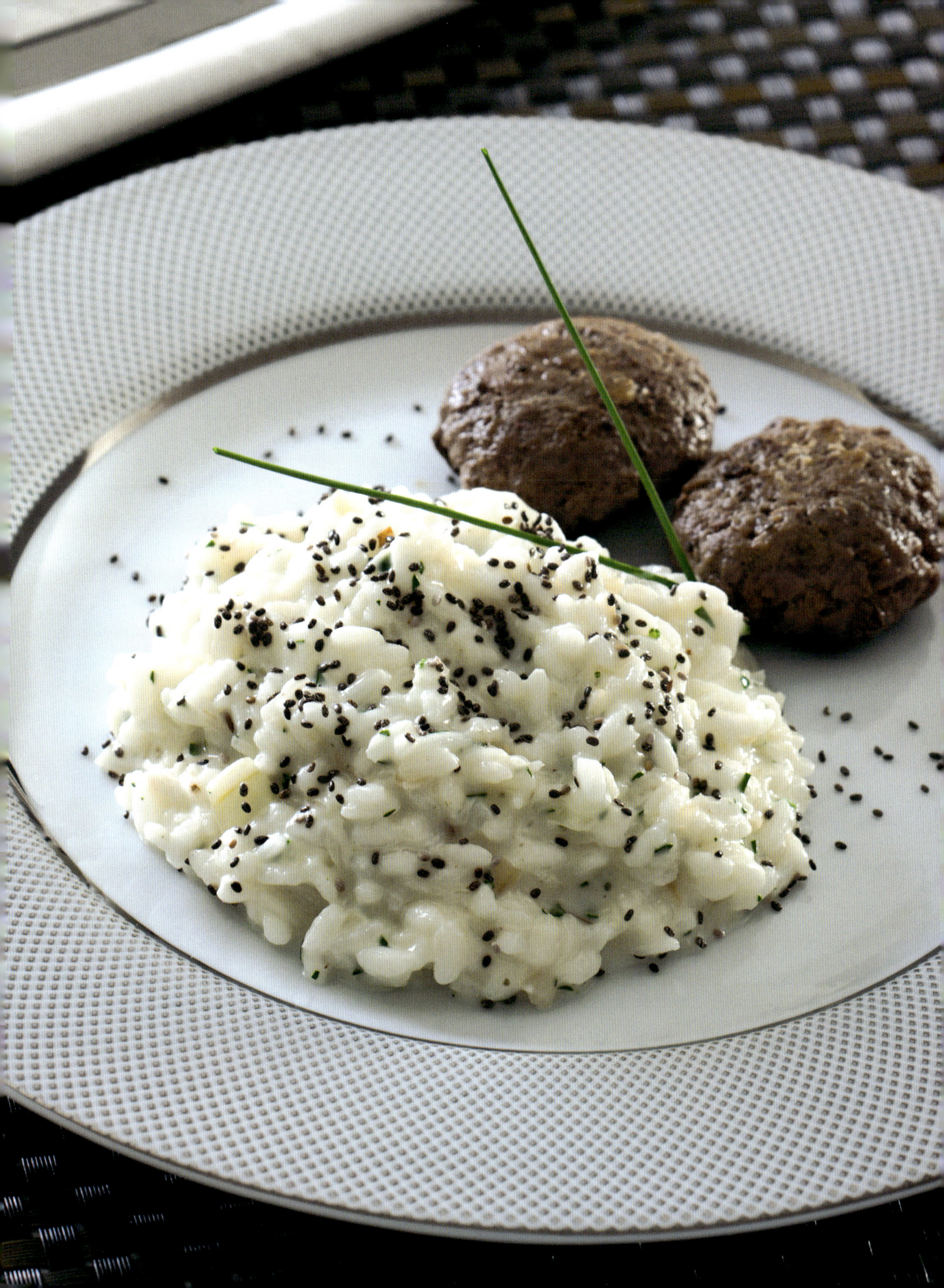

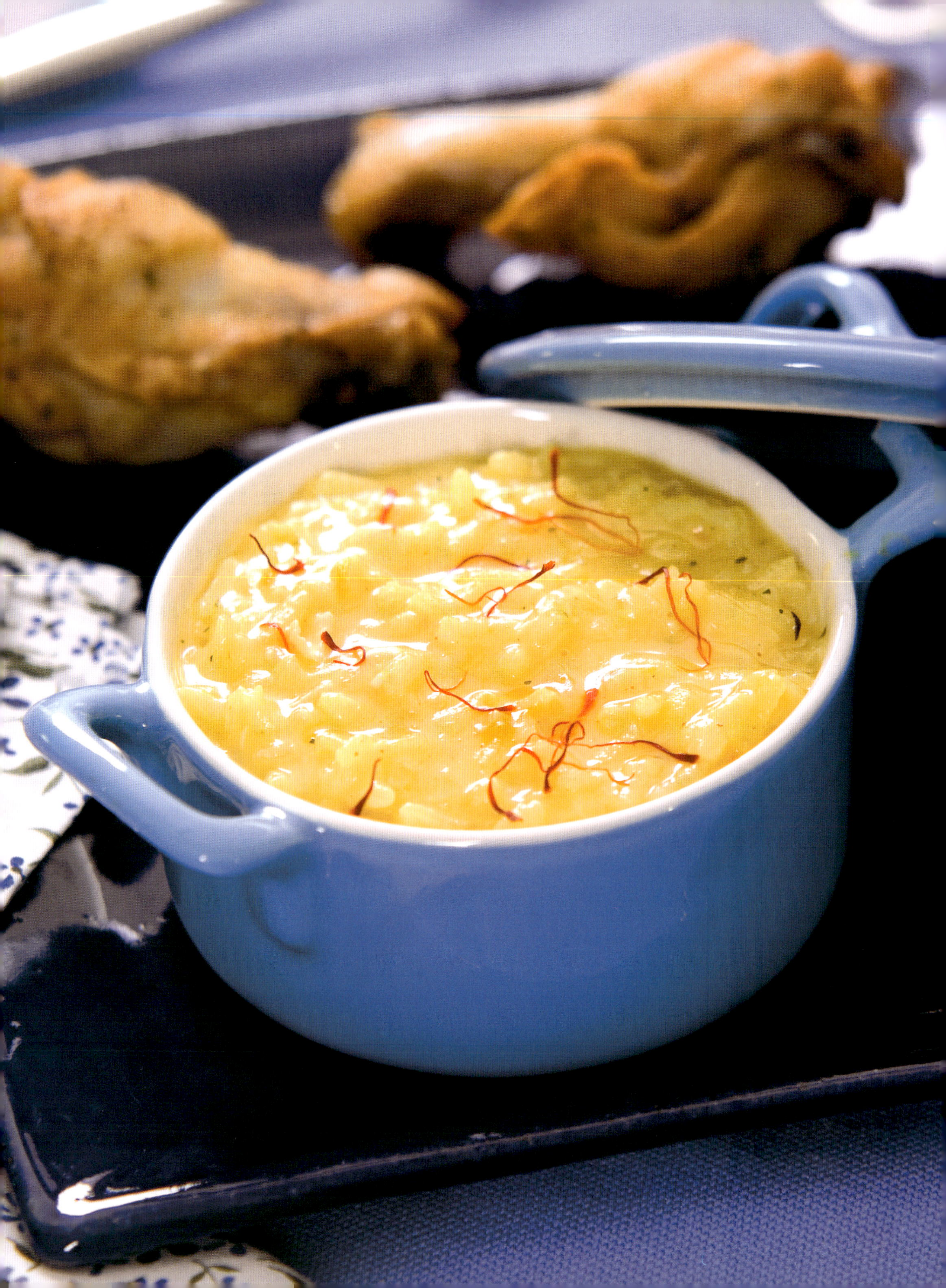

Risoto de *Açafrão e brie*

1 colher (sopa) de azeite
4 colheres (sopa) de cebola picada
1 e 1/2 xícara (chá) de arroz arbório
2/3 de xícara (chá) de vinho branco seco
1 pitada de pimenta-do-reino branca
1 colher (chá) de pistilos de açafrão
1,2 litro de caldo de legumes
2/3 de xícara (chá) de queijo brie picado
1 colher (sopa) de manteiga gelada
Sal a gosto

Em uma panela, aqueça o azeite e frite a cebola rapidamente. Junte o arroz, o vinho, a pimenta e os pistilos de açafrão. Quando o vinho secar, adicione o caldo de legumes quente, aos poucos, mexendo sempre. Quando o arroz estiver macio e com um pouco de líquido, acrescente o queijo brie, a manteiga e misture até derreter e o arroz ficar cremoso. Acerte o sal e sirva a seguir.

Rendimento: 4 porções
Tempo de Preparo: 40 minutos

Risoto de
Erva-doce e salsão

1 colher (sopa) de azeite
2 colheres (sopa) de cebola picada
1 e 1/2 xícara (chá) de arroz arbório
1/2 xícara (chá) de vinho branco seco
1,2 litro de caldo de legumes
1 xícara (chá) de salsão cortado em tiras
1 xícara (chá) de bulbo de erva-doce cortado em tiras
4 colheres (sopa) de queijo parmesão ralado
2 colheres (sopa) de manteiga gelada
Sal a gosto
2 colheres (sopa) de salsa picada

Em uma panela coloque o azeite e frite a cebola. Acrescente o arroz e o vinho branco seco. Quando o vinho secar, vá adicionando o caldo de legumes quente, aos poucos, mexendo sempre. No meio do cozimento, junte o salsão e o bulbo de erva-doce picado. Quando o arroz estiver macio e com um pouco de líquido acrescente o queijo parmesão. Misture até o queijo derreter. Desligue o fogo e acrescente a manteiga, o sal e a salsa picada. Sirva a seguir.

Rendimento: 4 porções
Tempo de Preparo: 40 minutos

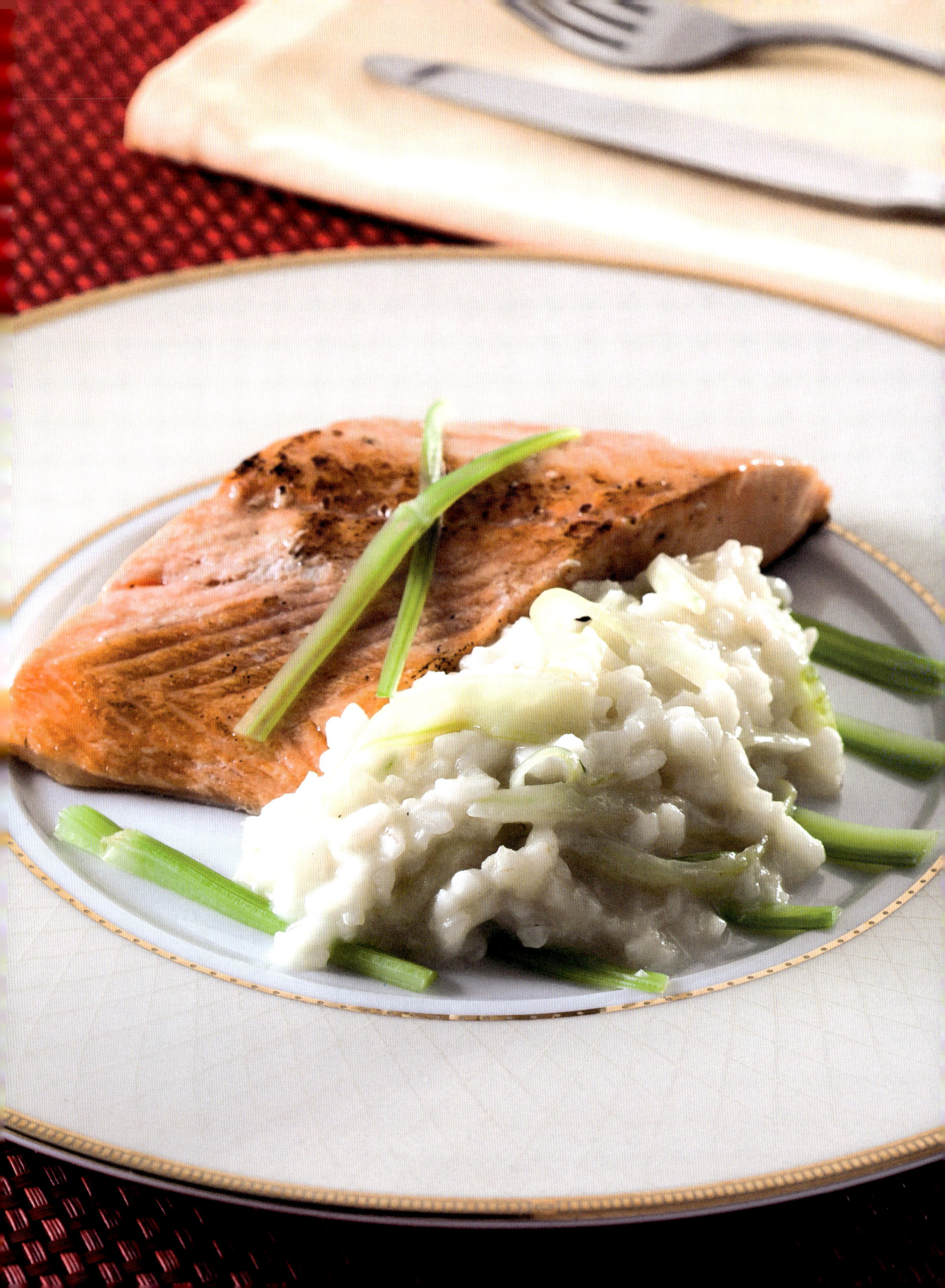

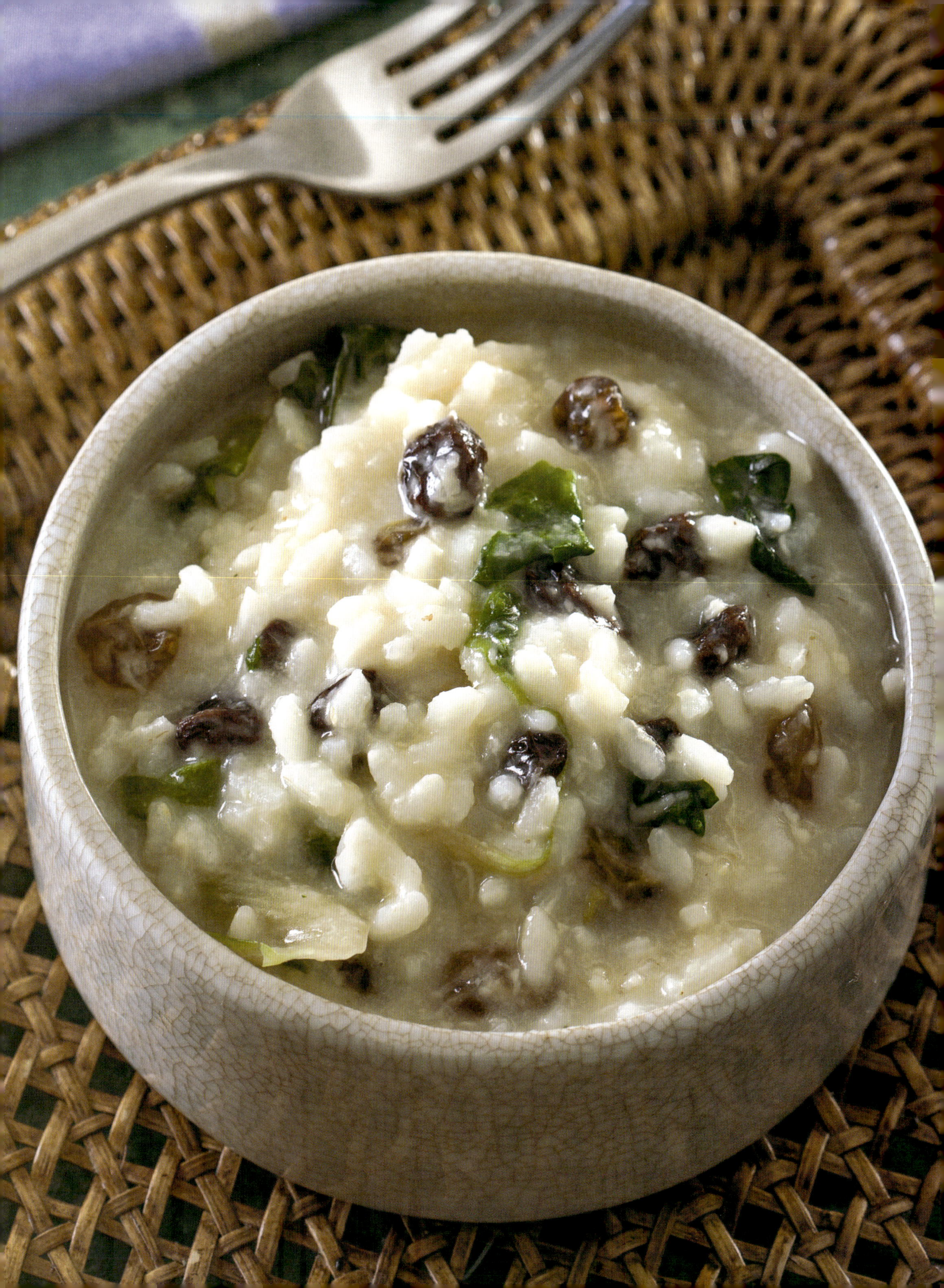

Risoto de
Escarola com uva-passa

3 colheres (sopa) de azeite
3 colheres (sopa) de cebola picada
1 e 1/2 xícara (chá) de arroz vialone nano
2/3 de xícara (chá) de vinho branco seco
1/2 colher (chá) de raiz-forte em pó
1,2 litro de caldo de legumes
2 colheres (sopa) de uvas-passas escuras
1 colher (sopa) de uvas-passas claras
1 e 1/2 xícara (chá) de escarola picada
4 colheres (sopa) de queijo pecorino ralado
1 colher (sopa) de manteiga gelada
Sal a gosto

Em uma panela, coloque o azeite, a cebola e frite rapidamente. Acrescente o arroz, o vinho e a raiz-forte. Quando o vinho secar, vá adicionando o caldo de legumes quente, aos poucos, mexendo sempre. Assim que começar a ficar cremoso, adicione as passas para amolecerem e liberarem o sabor. Quando o arroz estiver macio e com um pouco de líquido, acrescente a escarola e o queijo pecorino. Misture até o queijo derreter. Desligue, junte a manteiga, acerte o sal e mexa delicadamente. Sirva a seguir.

Rendimento: 4 porções
Tempo de Preparo: 40 minutos

Risoto de *Frango*

1 colher (sopa) de azeite
2 colheres (sopa) de cebola picada
2 dentes de alho picados
3 filés de frango cortados em cubos
Sal a gosto
Pimenta-do-reino a gosto
1 e 1/2 xícara (chá) de arroz carnaroli
1 xícara (chá) de champanhe
1 ramo de alecrim
1,2 litro de caldo de galinha
2 colheres (sopa) de queijo parmesão ralado
2 colheres (sopa) de manteiga gelada
Cebolinha picada a gosto

Em uma panela coloque o azeite e frite a cebola e o alho. Junte o frango e frite até dourar. Tempere com sal e pimenta. Acrescente o arroz, o champanhe e o alecrim. Quando o champanhe secar, vá adicionando o caldo de galinha quente, aos poucos, mexendo sempre. Quando o arroz estiver macio e com um pouco de líquido, retire o ramo de alecrim e acrescente o queijo parmesão. Misture até o queijo derreter. Desligue o fogo e acrescente a manteiga e a cebolinha. Acerte o sal e sirva a seguir.

Rendimento: 4 porções
Tempo de Preparo: 45 minutos

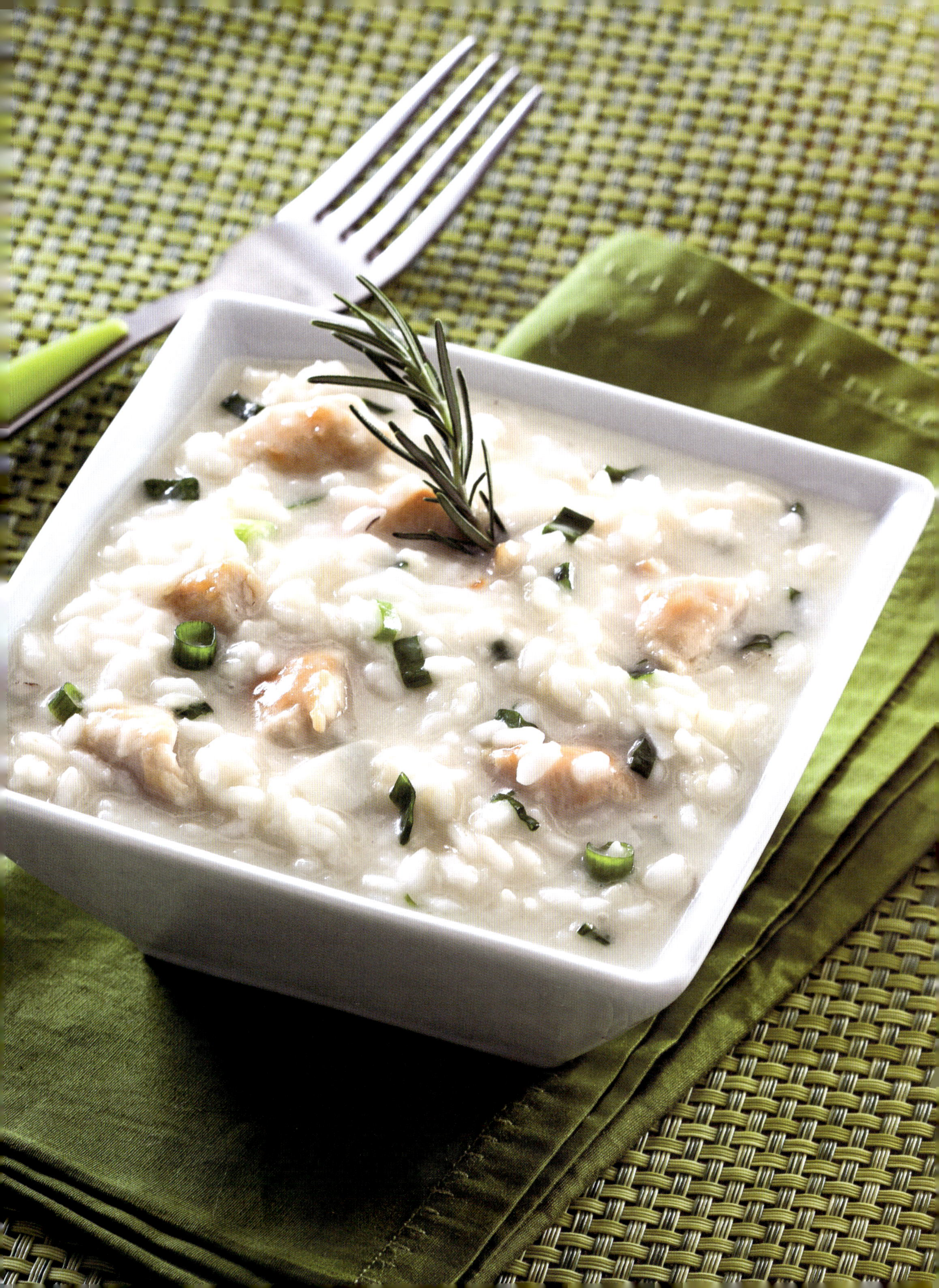

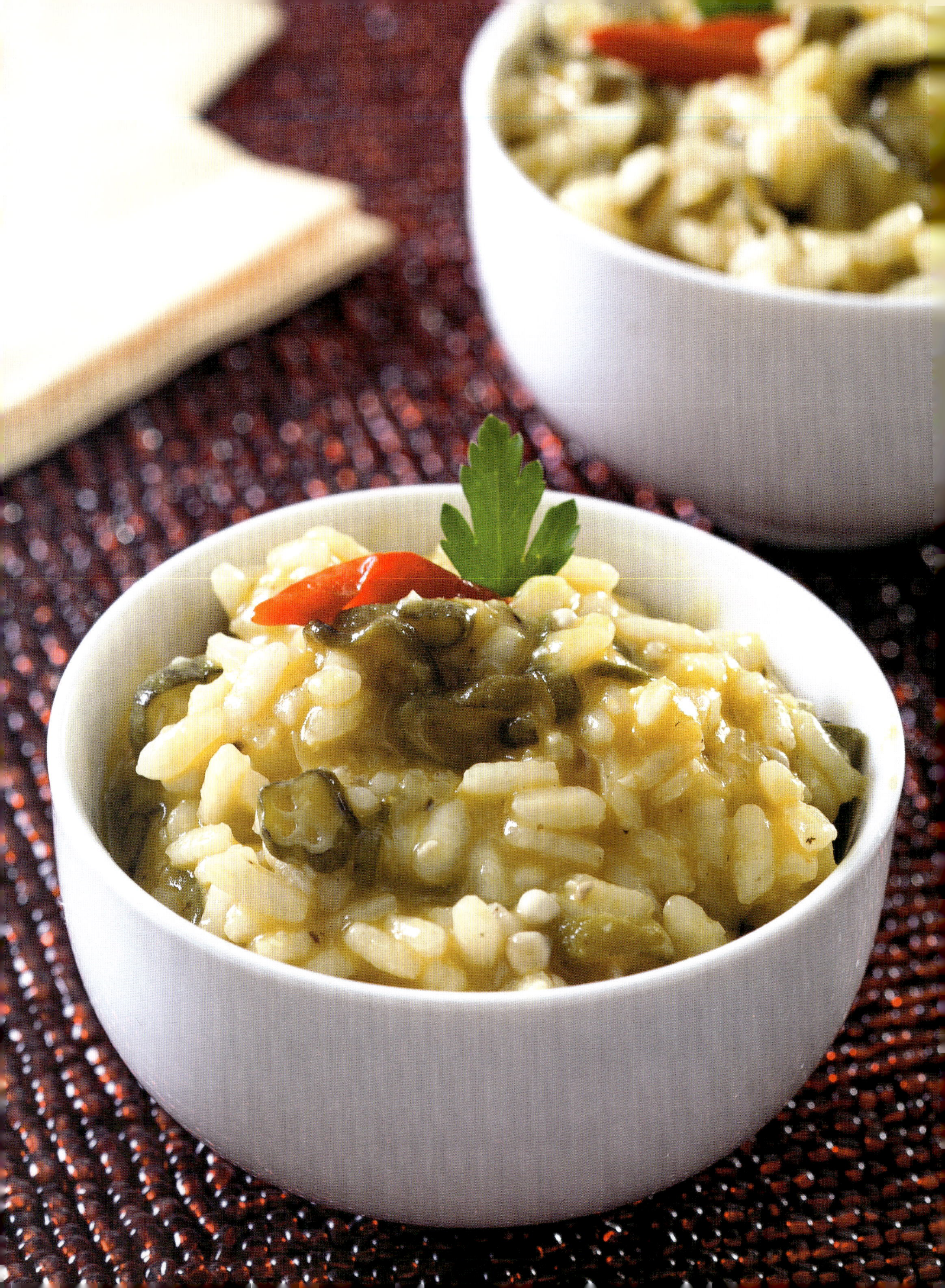

Risoto de
Dendê com quiabo

2 colheres (sopa) de azeite
1 e 1/2 xícara (chá) de quiabo em rodelas
2 colheres (sopa) de vinagre de vinho branco
Sal a gosto
2 colheres (sopa) de azeite de dendê
4 colheres (sopa) de cebola picada
1 colher (chá) de alho picado
1 e 1/2 xícara (chá) de arroz arbório
1 xícara (chá) de cachaça
1,2 litro de caldo de legumes
Pimenta-malagueta a gosto
1/2 xícara (chá) de queijo parmesão ralado
1 colher (sopa) de manteiga gelada

Em uma frigideira, aqueça o azeite e refogue o quiabo. Adicione o vinagre e o sal e continue refogando até que ele fique bem dourado. Reserve. Em uma panela coloque o azeite de dendê e frite a cebola e o alho. Acrescente o arroz e a cachaça. Quando a cachaça secar, vá adicionando o caldo de legumes quente, aos poucos, mexendo sempre. Quando o arroz estiver macio e com um pouco de líquido acrescente a pimenta-malagueta e o queijo parmesão. Misture até o queijo derreter. Desligue o fogo e acrescente a manteiga e o quiabo. Acerte o sal e sirva a seguir.

Rendimento: 4 porções
Tempo de Preparo: 50 minutos

Risoto de
Alho com badejo

2 colheres (sopa) de azeite
3 colheres (sopa) de alho picado
1 e 1/2 xícara (chá) de arroz vialone nano
3/4 de xícara (chá) de vinho branco seco
1,2 litro de caldo de peixe
2 xícaras (chá) de badejo cortado em cubos
3 colheres (sopa) de queijo parmesão ralado
2 colheres (sopa) de manteiga gelada
2 colheres (sopa) de cebolinha picada
Sal a gosto
1 colher (sopa) de gergelim preto

Em uma panela coloque o azeite e frite o alho. Acrescente o arroz e o vinho branco seco. Quando o vinho secar, vá adicionando o caldo de peixe quente, aos poucos, mexendo sempre. No meio do cozimento, acrescente o badejo. Quando o arroz estiver macio e com um pouco de líquido acrescente o queijo parmesão. Misture até o queijo derreter. Desligue o fogo e acrescente a manteiga, a cebolinha e o sal. Sirva a seguir, polvilhado com o gergelim preto.

Rendimento: 4 porções
Tempo de Preparo: 40 minutos

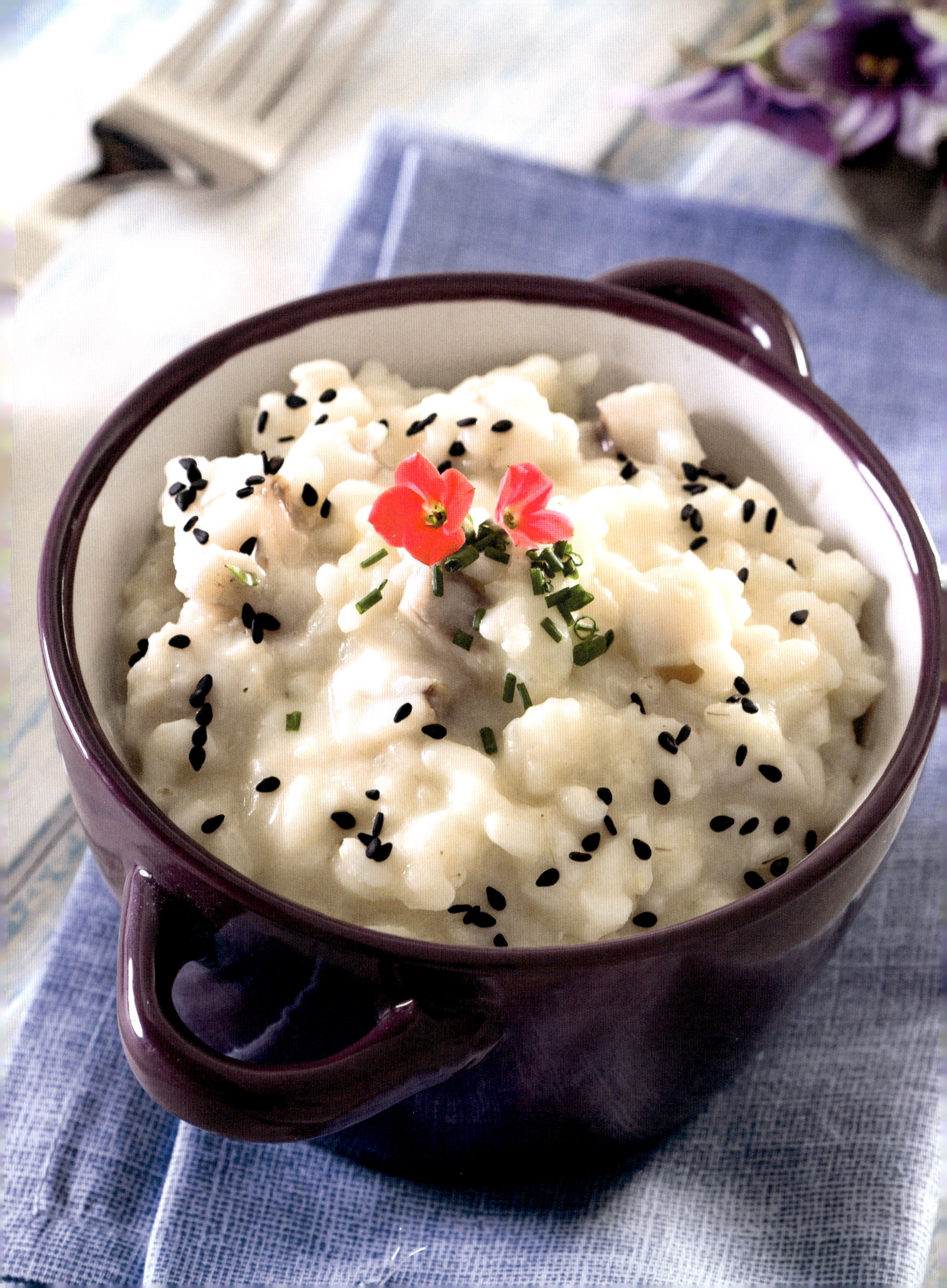

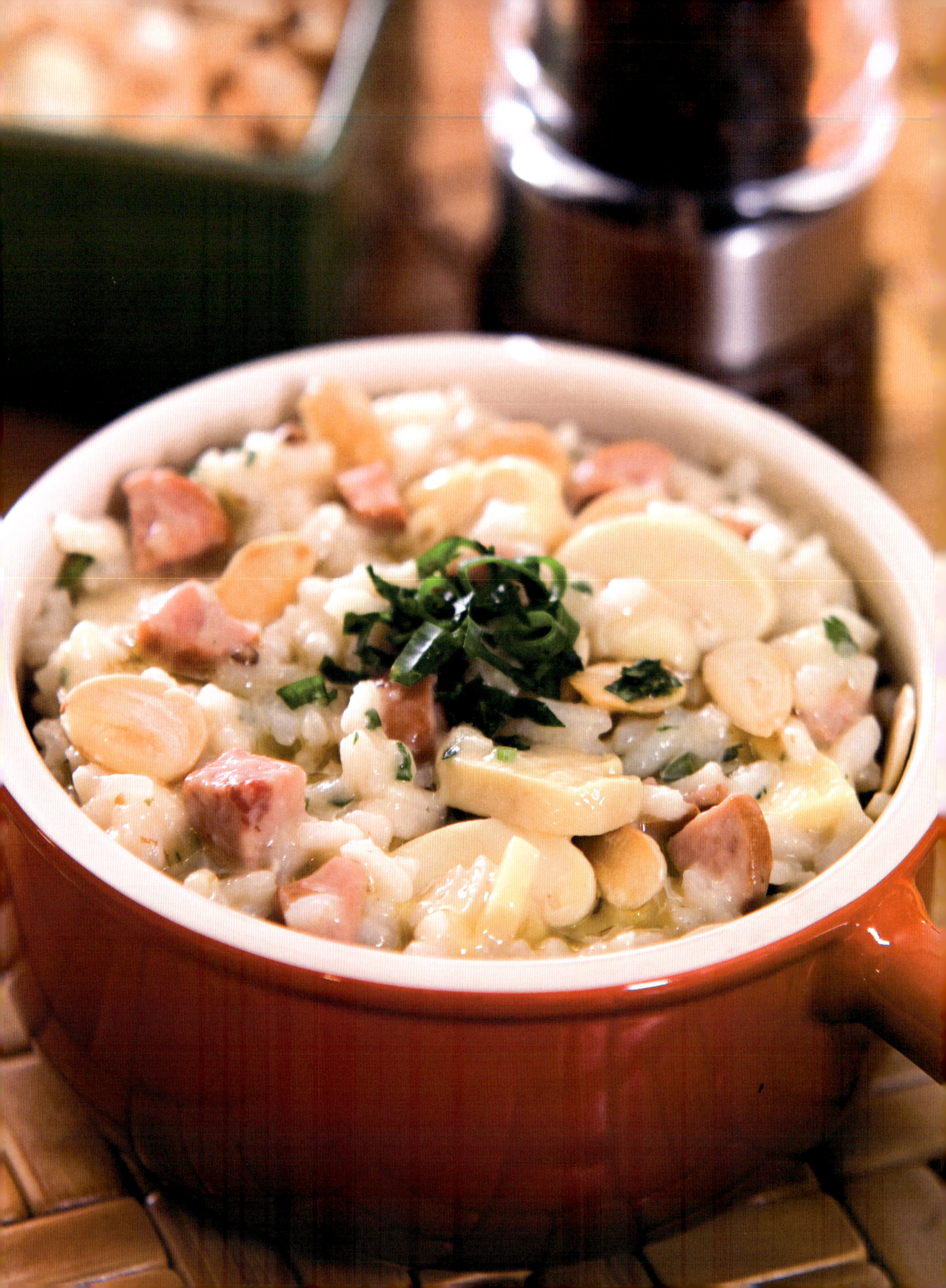

Risoto de
Linguiça com amêndoas

4 colheres (sopa) de azeite
4 colheres (sopa) de cebola picada
1 e 1/2 xícara (chá) de arroz carnaroli
1/2 xícara (chá) de conhaque
1 xícara (chá) de linguiça calabresa defumada picada
1 xícara (chá) de champignon em conserva picado
1 colher (chá) de sementes de coentro inteiras
1 pitada de cominho em pó
1,2 litro de caldo de carne
4 colheres (sopa) de queijo parmigiano reggiano ralado
1 colher (sopa) de manteiga gelada
Sal a gosto
4 colheres (sopa) de cheiro-verde picado
4 colheres (sopa) de amêndoas em lâminas torradas

Em uma panela, aqueça o azeite e frite a cebola rapidamente. Junte o arroz, o conhaque, a linguiça, o champignon, o coentro e o cominho. Quando o conhaque secar, adicione o caldo de carne quente, aos poucos, mexendo sempre. Quando o arroz estiver macio e com um pouco de líquido, acrescente o queijo parmigiano, a manteiga, acerte o sal e misture até derreter e o arroz ficar cremoso. Polvilhe o cheiro-verde e as amêndoas. Sirva a seguir.

Rendimento: 4 porções
Tempo de Preparo: 40 minutos

Risoto de
Cogumelos com azeite trufado

1 colher (sopa) de azeite
1 e 1/2 xícara (chá) de arroz arbório
2/3 de xícara (chá) de vinho branco seco
1,2 litro de caldo de legumes
4 xícaras (chá) de cogumelos frescos sortidos
4 colheres (sopa) de queijo parmesão ralado
1 colher (sopa) de manteiga gelada
Sal a gosto
Azeite trufado para servir

Em uma panela, aqueça o azeite e junte o arroz e o vinho. Quando o vinho secar, adicione o caldo de legumes quente, aos poucos, mexendo sempre. Quando o arroz estiver macio e com um pouco de líquido, acrescente os cogumelos frescos, o queijo parmesão, a manteiga e misture até o arroz ficar cremoso. Acerte o sal e sirva a seguir, regado com azeite trufado.

Rendimento: 4 porções
Tempo de Preparo: 40 minutos

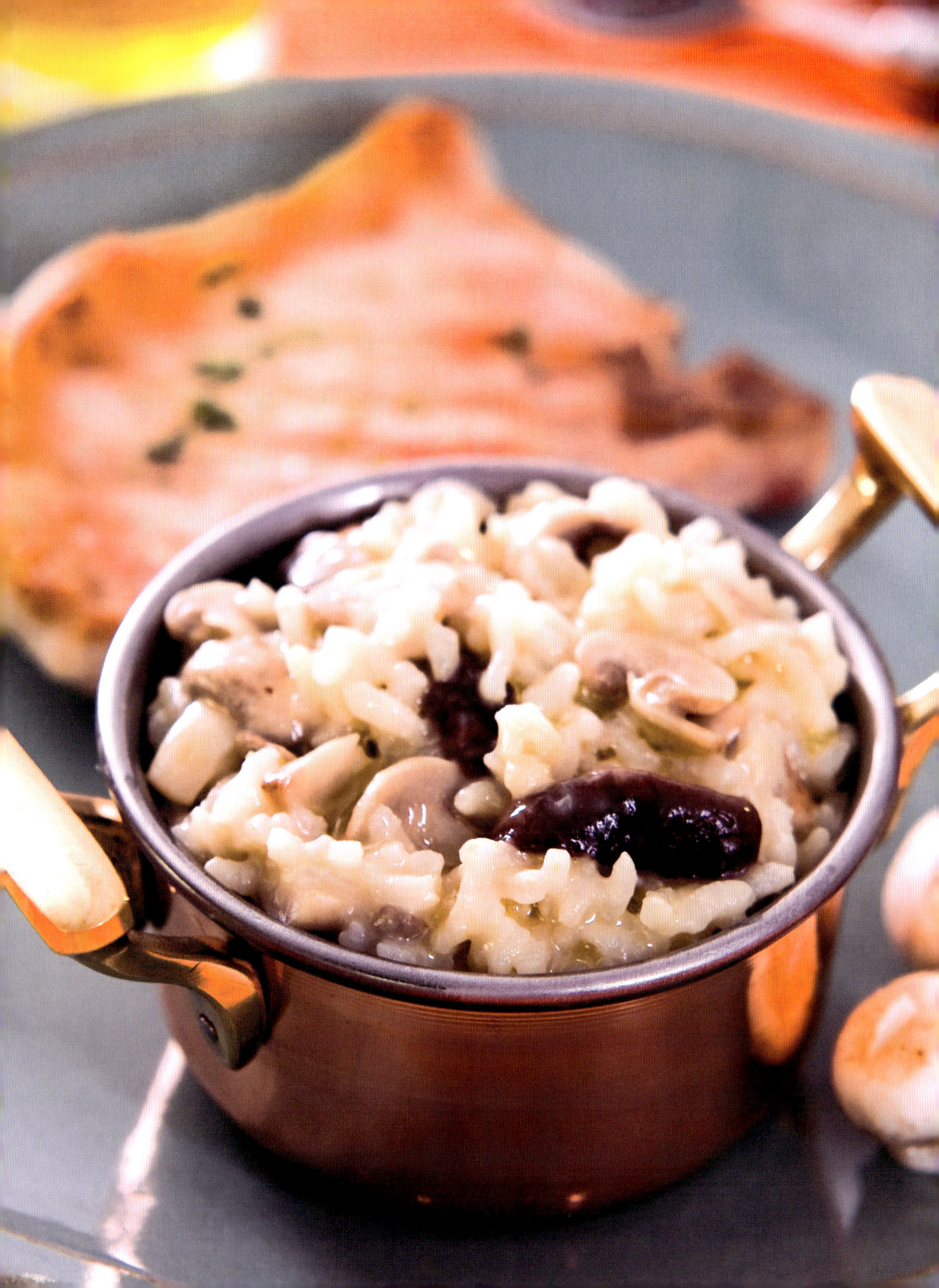

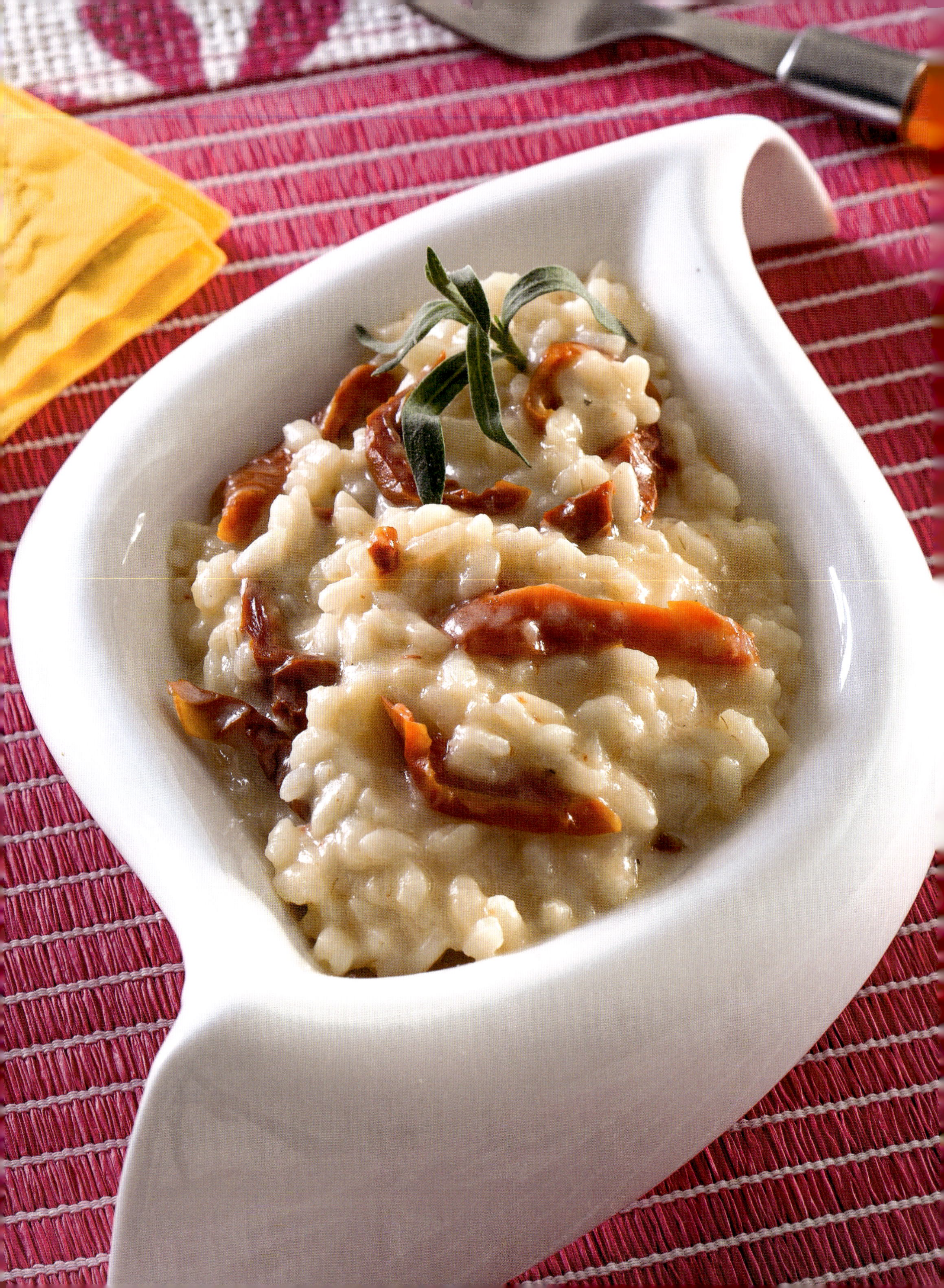

Risoto de
Muçarela de búfala e tomate seco

1 colher (sopa) de azeite
1 e 1/2 xícara (chá) de arroz vialone nano
1/2 xícara (chá) de champanhe
2 colheres (chá) de estragão
1,2 litro de caldo de legumes
200 g de muçarela de búfala ralada
2 colheres (sopa) de queijo parmesão ralado
2 colheres (sopa) de manteiga gelada
50 g de tomate seco
Sal a gosto

Em uma panela, coloque o azeite a acrescente o arroz, a champanhe e o estragão. Quando a champanhe secar, vá adicionando o caldo de legumes quente, aos poucos, mexendo sempre. Quando o arroz estiver macio e com um pouco de líquido, acrescente a muçarela de búfala e o queijo parmesão. Misture até o queijo derreter. Desligue o fogo e acrescente a manteiga e o tomate seco. Acerte o sal e sirva a seguir.

Rendimento: 4 porções
Tempo de Preparo: 40 minutos

Risoto de
Salmão com alcaparras

2 colheres (sopa) de azeite
2 colheres (sopa) de cebola picada
1 e 1/2 xícara (chá) de arroz arbório
2/3 de xícara (chá) de vinho branco seco
1,2 litros de caldo de peixe
2 colheres (sopa) de salsa picada
2 colheres (sopa) de alcaparras escorridas
4 colheres (sopa) de queijo parmesão ralado
1 xícara (chá) de salmão temperado, cozido e separado em lascas
2 colheres (sopa) de manteiga gelada

Em uma panela, coloque o azeite, a cebola e frite rapidamente. Junte o arroz e o vinho. Quando o vinho secar, acrescente o caldo de peixe quente, aos poucos. Quando o arroz estiver macio e com um pouco de líquido, acrescente a salsa, as alcaparras e o queijo parmesão. Misture até o queijo derreter e deixar o arroz cremoso. Coloque o salmão e a manteiga, mexendo delicadamente, para não desmanchar as lascas. Sirva a seguir.

Rendimento: 4 porções
Tempo de Preparo: 40 minutos

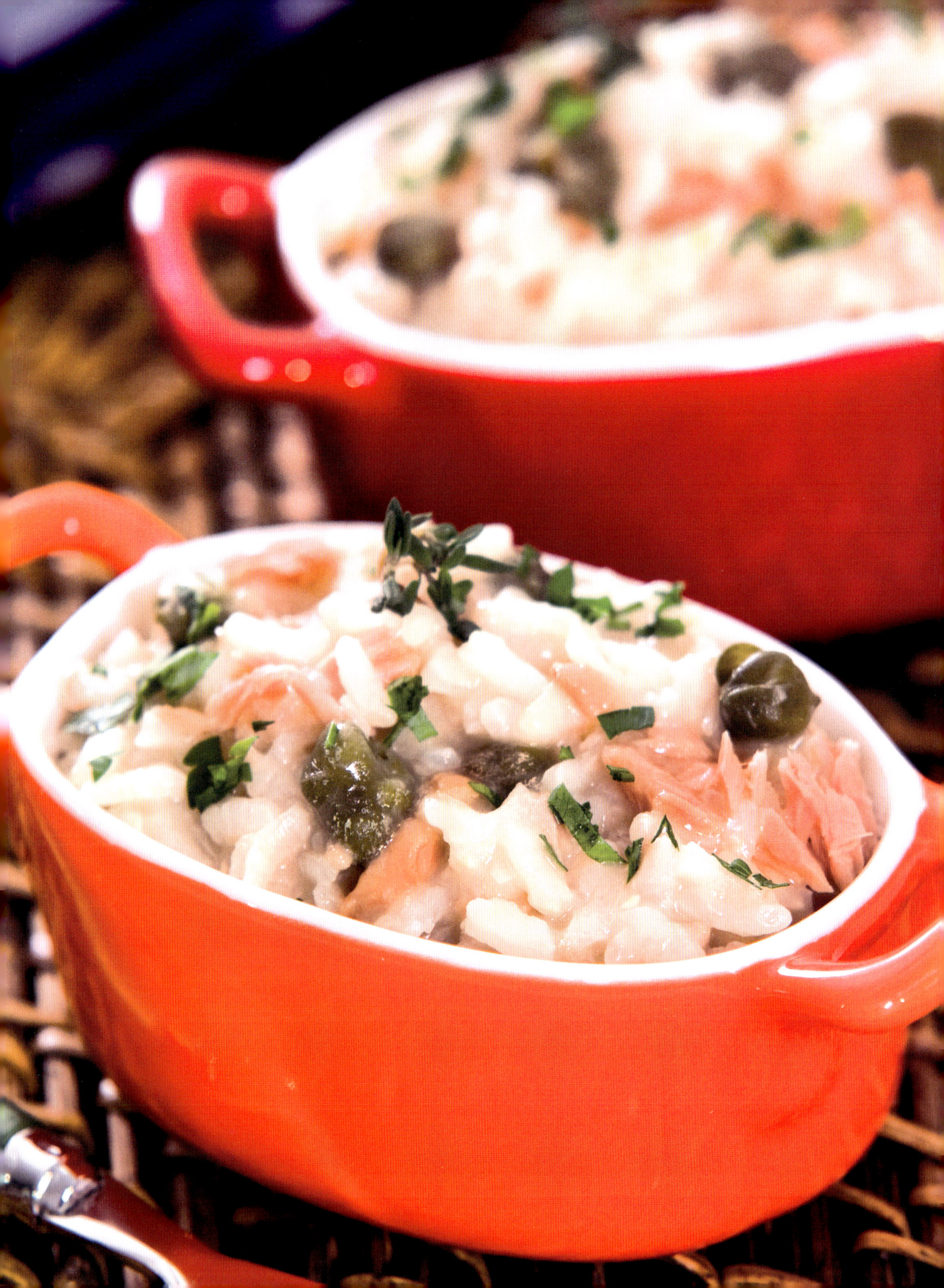

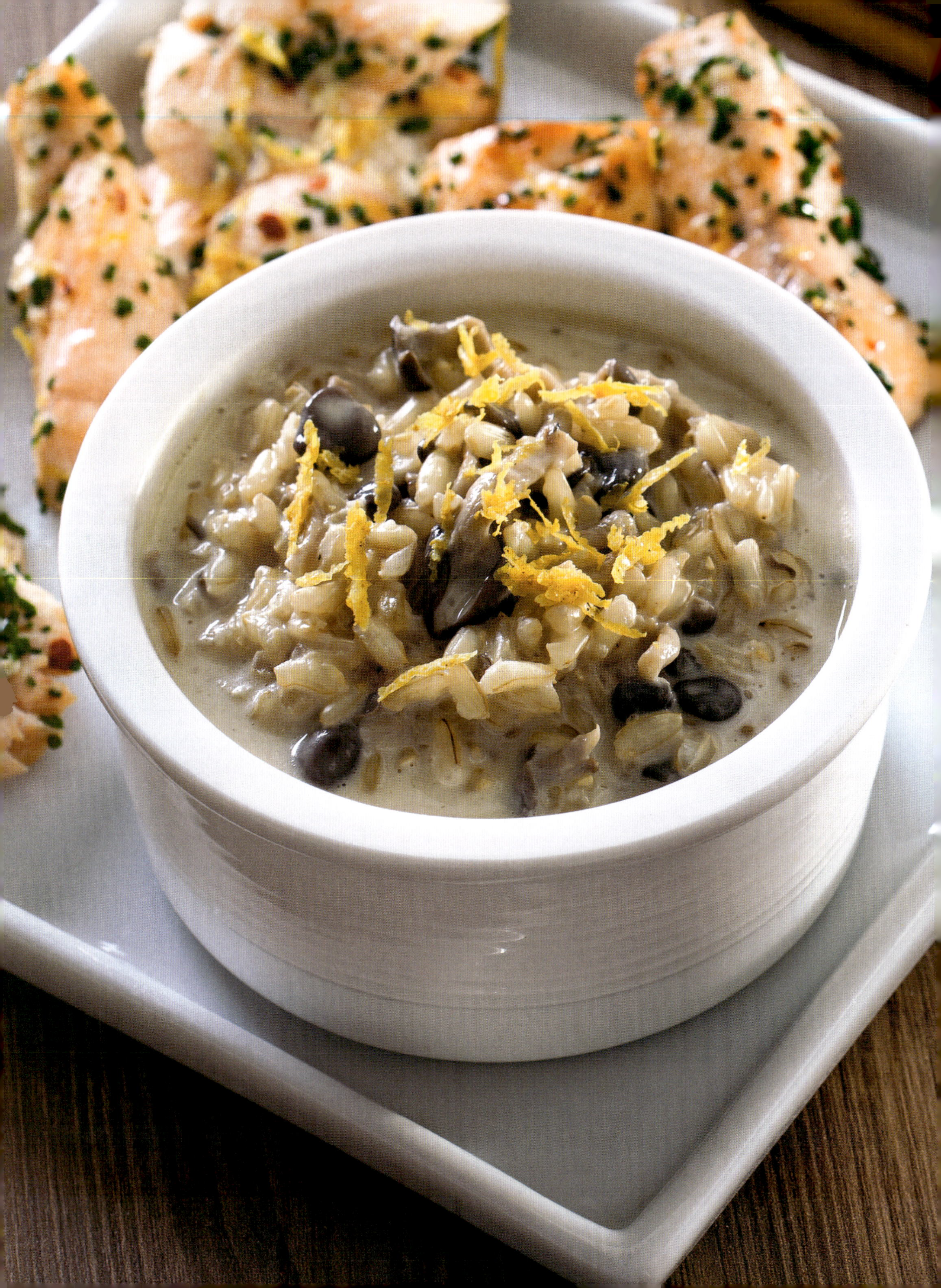

Risoto

Siciliano com mascarpone e shimeji

1 colher (sopa) de azeite
2 colheres (sopa) de cebola picada
1 colher (chá) de alho picado
1 e 1/2 xícara (chá) de arroz arbório integral
1 xícara (chá) de prosseco
1 colher (chá) de mostarda em pó
1,8 litro de caldo de legumes
1 xícara (chá) de shimeji picado
2 colheres (sopa) de queijo mascarpone
Sal a gosto
1 colher (sopa) de manteiga gelada
3 colheres (chá) de raspas de limão-siciliano

Em uma panela coloque o azeite e frite a cebola e o alho. Acrescente o arroz, o prosseco e a mostarda. Quando o prosseco secar, vá adicionando o caldo de legumes quente, aos poucos, mexendo sempre. Quase no final do cozimento, junte o shimeji. Quando o arroz estiver macio e com um pouco de líquido acrescente o queijo mascarpone. Misture até o queijo derreter. Desligue o fogo e acrescente o sal, a manteiga e as raspas de limão. Sirva a seguir.

Rendimento: 4 porções
Tempo de Preparo: 1 hora

Risoto de Cheddar com coco

3 colheres (sopa) de azeite
4 colheres (sopa) de cebola picada
1 e 1/2 xícara (chá) de arroz carnaroli
1/3 de xícara (chá) de conhaque
1/2 xícara (chá) de coco em flocos
1,2 litro de caldo de legumes
3 colheres (sopa) de queijo cheddar inglês
1 colher (sopa) de manteiga gelada
Sal e pimenta-caiena em pó a gosto
1 colher (sopa) de ciboulette

Em uma panela, coloque o azeite, a cebola e frite rapidamente. Acrescente o arroz e flambe com o conhaque. Assim que o conhaque secar, junte o coco e vá adicionando o caldo de legumes quente, aos poucos, mexendo sempre. Quando o arroz estiver macio e com um pouco de líquido, acrescente o queijo cheddar e misture até derreter. Desligue, junte a manteiga, acerte o sal e a pimenta e mexa delicadamente. Sirva a seguir com a ciboulette por cima.

Rendimento: 4 porções
Tempo de Preparo: 40 minutos

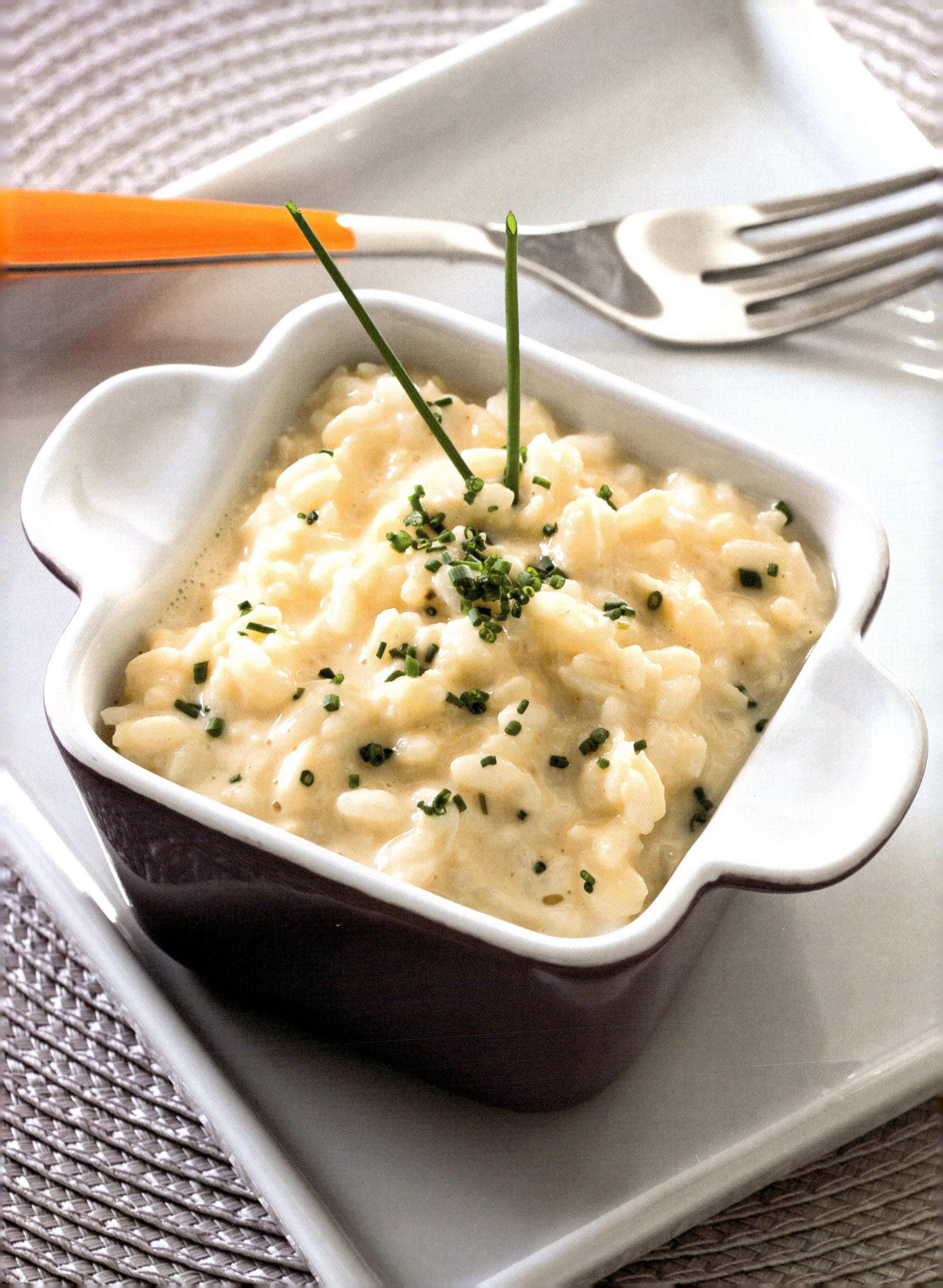

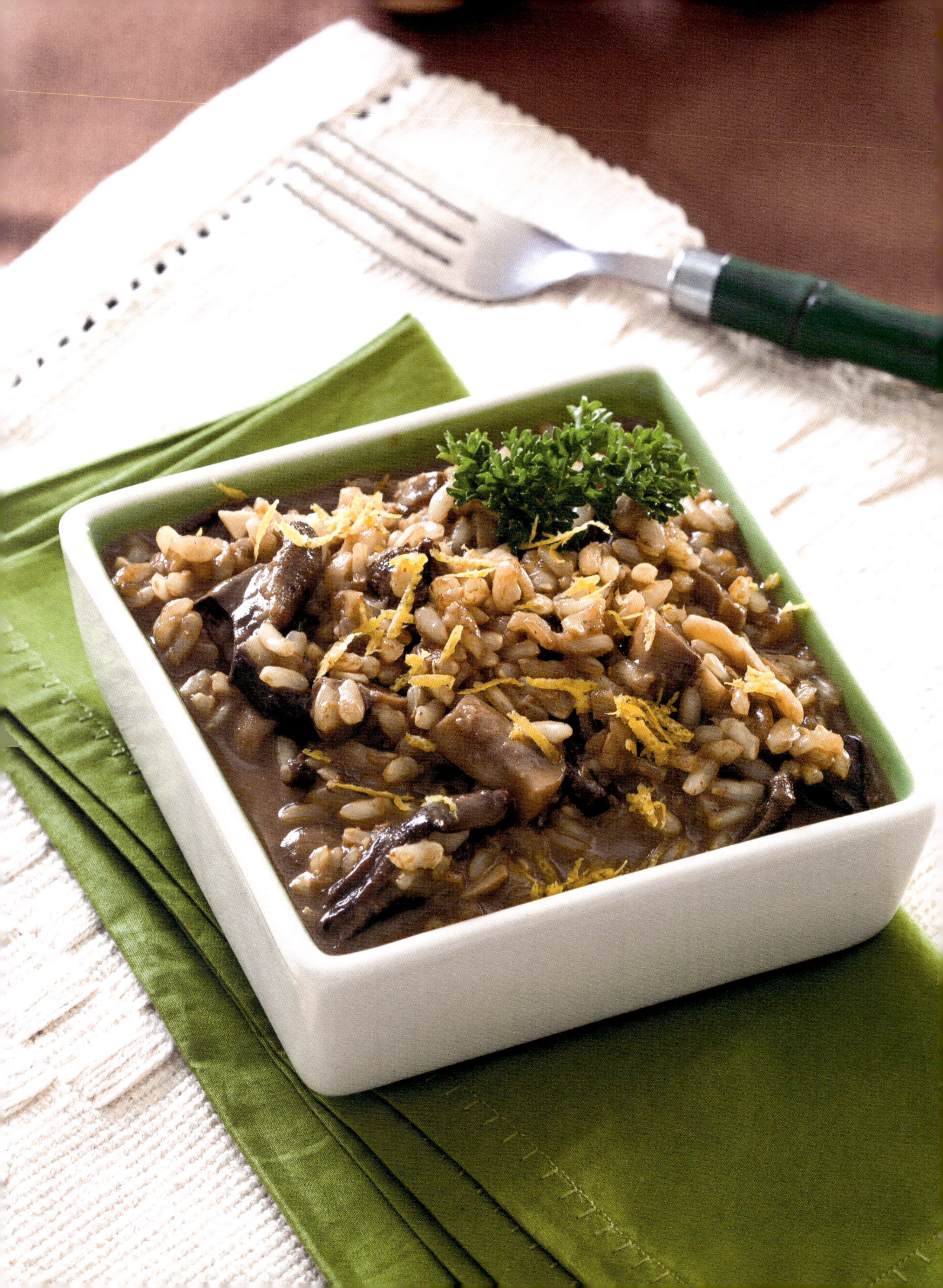

Risoto de Funghi

1 xícara (chá) de funghi seco
2 colheres (sopa) de azeite
3 colheres (sopa) de cebola picada
1 e 1/2 xícara (chá) de arroz arbório integral
1 xícara (chá) de vinho branco seco
1 colher (chá) de gengibre em pó
1,4 litro de caldo de legumes
1 xícara (chá) de cogumelos-paris cortados em quatro partes
4 colheres (sopa) de queijo grana padano ralado
2 colheres (sopa) de manteiga gelada
Sal a gosto

Lave o funghi seco e coloque-o de molho em água quente por 30 minutos. Escorra o funghi, reservando duas xícaras (chá) da água. Em uma panela coloque o azeite e frite a cebola. Acrescente o arroz, o vinho branco seco e o gengibre em pó. Quando o vinho secar, coloque a água reservada que o funghi ficou de molho. Vá adicionando o caldo de legumes quente, aos poucos, mexendo sempre. Acrescente os cogumelos e o funghi. Quando o arroz estiver macio e com um pouco de líquido, acrescente o queijo grana padano. Misture até o queijo derreter. Desligue o fogo e acrescente a manteiga. Acerte o sal e sirva a seguir.

Rendimento: 4 porções
Tempo de Preparo: 1 hora e 30 minutos

Risoto de
Salmão e limão-siciliano

3 colheres (sopa) de azeite
1/2 cebola picada
1 e 1/2 xícara (chá) de arroz arbório
2/3 de xícara (chá) de tequila
1 colher (chá) de sementes de kummel
1,2 litro de caldo de peixe
100 g de salmão defumado picado
4 colheres (sopa) de queijo parmigiano reggiano ralado
1 colher (sopa) de manteiga gelada
Suco de 1/2 limão-siciliano
Sal a gosto

Em uma panela coloque o azeite e frite a cebola. Acrescente o arroz, a tequila e o kummel. Quando a tequila secar, vá adicionando o caldo de peixe quente, aos poucos, mexendo sempre. Quando o arroz estiver macio e com um pouco de líquido, acrescente o salmão defumado e o queijo parmigiano reggiano. Misture até o queijo derreter. Desligue o fogo e acrescente a manteiga, o limão-siciliano e o sal. Sirva a seguir.

Rendimento: 4 porções
Tempo de Preparo: 40 minutos

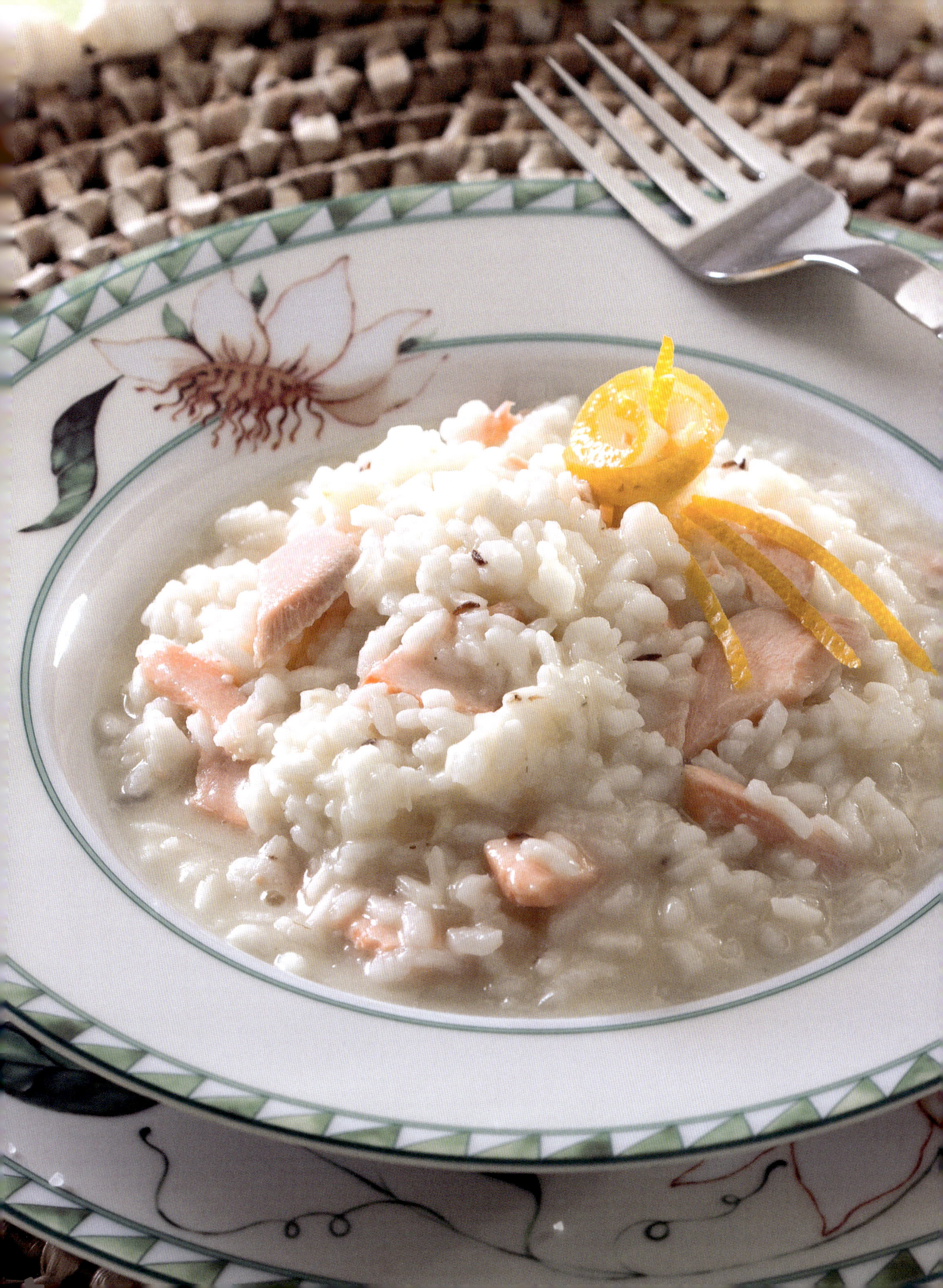

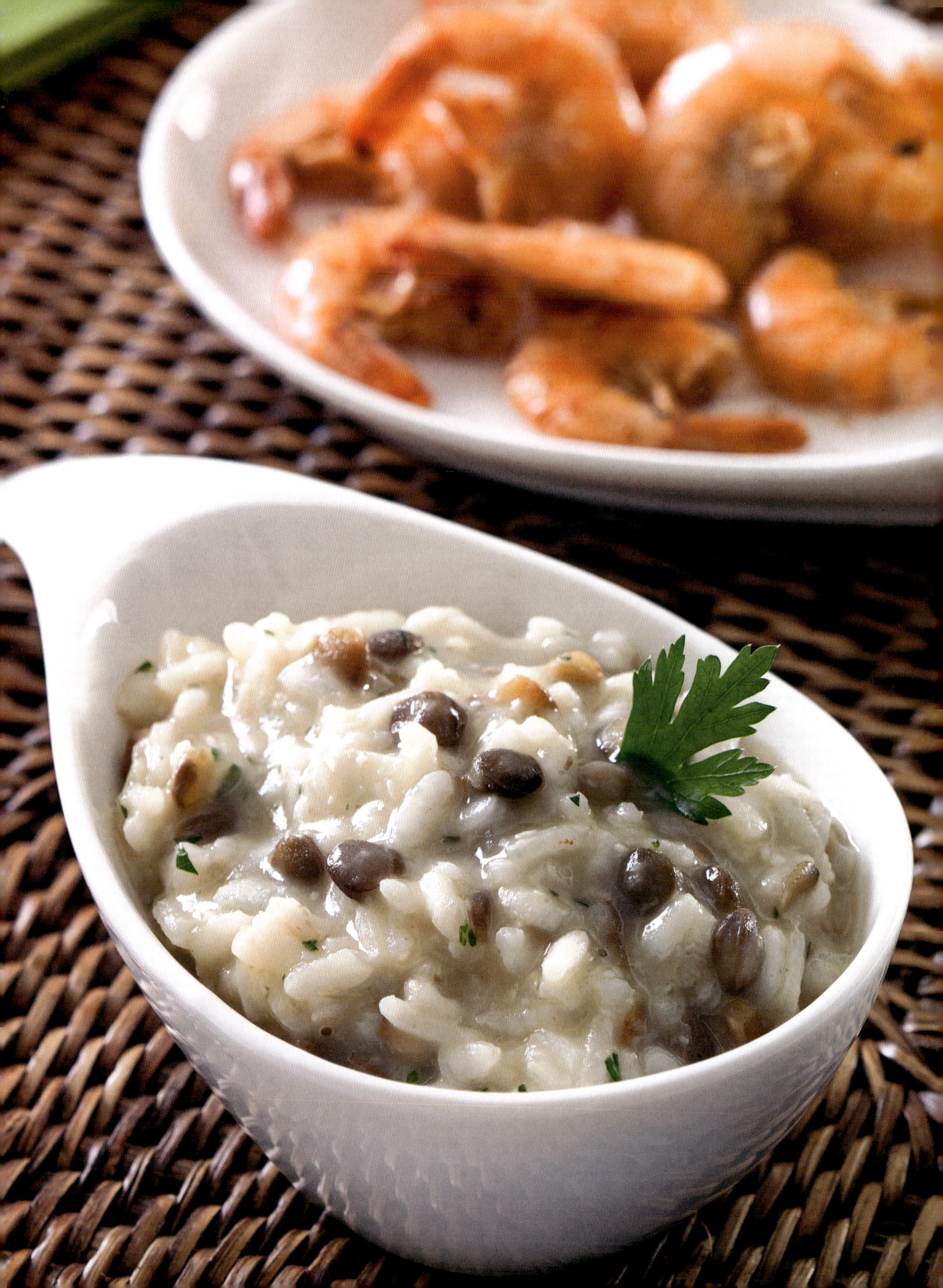

Risoto de *Lentilha*

1 colher (sopa) de azeite
1/2 cebola picada
1 e 1/2 xícara (chá) de arroz arbório
3/4 de xícara (chá) de vinho branco seco
2 folhas de louro
1,2 litro de caldo de legumes
200 g de lentilha cozida
4 colheres (sopa) de queijo parmesão ralado
2 colheres (sopa) de manteiga gelada
Sal a gosto
1 colher (sopa) de salsa picada

Em uma panela coloque o azeite e frite a cebola. Acrescente o arroz, o vinho branco seco e as folhas de louro. Quando o vinho secar, vá adicionando o caldo de legumes quente, aos poucos, mexendo sempre. No meio do cozimento, adicione a lentilha cozida. Quando o arroz estiver macio e com um pouco de líquido, acrescente o queijo parmesão. Misture até o queijo derreter. Desligue o fogo e acrescente a manteiga, o sal e a salsa. Sirva a seguir.

Rendimento: 4 porções
Tempo de Preparo: 40 minutos

Risoto de
Lombo canadense e abobrinha

1 colher (sopa) de azeite
2 colheres (sopa) de cebola picada
2 dentes de alho picados
1 e 1/2 xícara (chá) de arroz arbório
1/2 xícara (chá) de vinho branco seco
1 pedaço de anis-estrelado
1,2 litro de caldo de carne
200 g de lombo canadense cortado em tiras
1 xícara (chá) de abobrinha italiana ralada
1/2 xícara (chá) de queijo gruyère picado
2 colheres (sopa) de manteiga gelada
Sal a gosto

Em uma panela coloque o azeite e frite a cebola e o alho. Acrescente o arroz, o vinho branco seco e o anis-estrelado. Quando o vinho secar, vá adicionando o caldo de carne quente, aos poucos, mexendo sempre. No meio do cozimento, acrescente o lombo e a abobrinha. Quando o arroz estiver macio e com um pouco de líquido, acrescente o queijo gruyère. Misture até o queijo derreter. Desligue o fogo e acrescente a manteiga e acerte o sal. Sirva a seguir.

Rendimento: 4 porções
Tempo de Preparo: 40 minutos

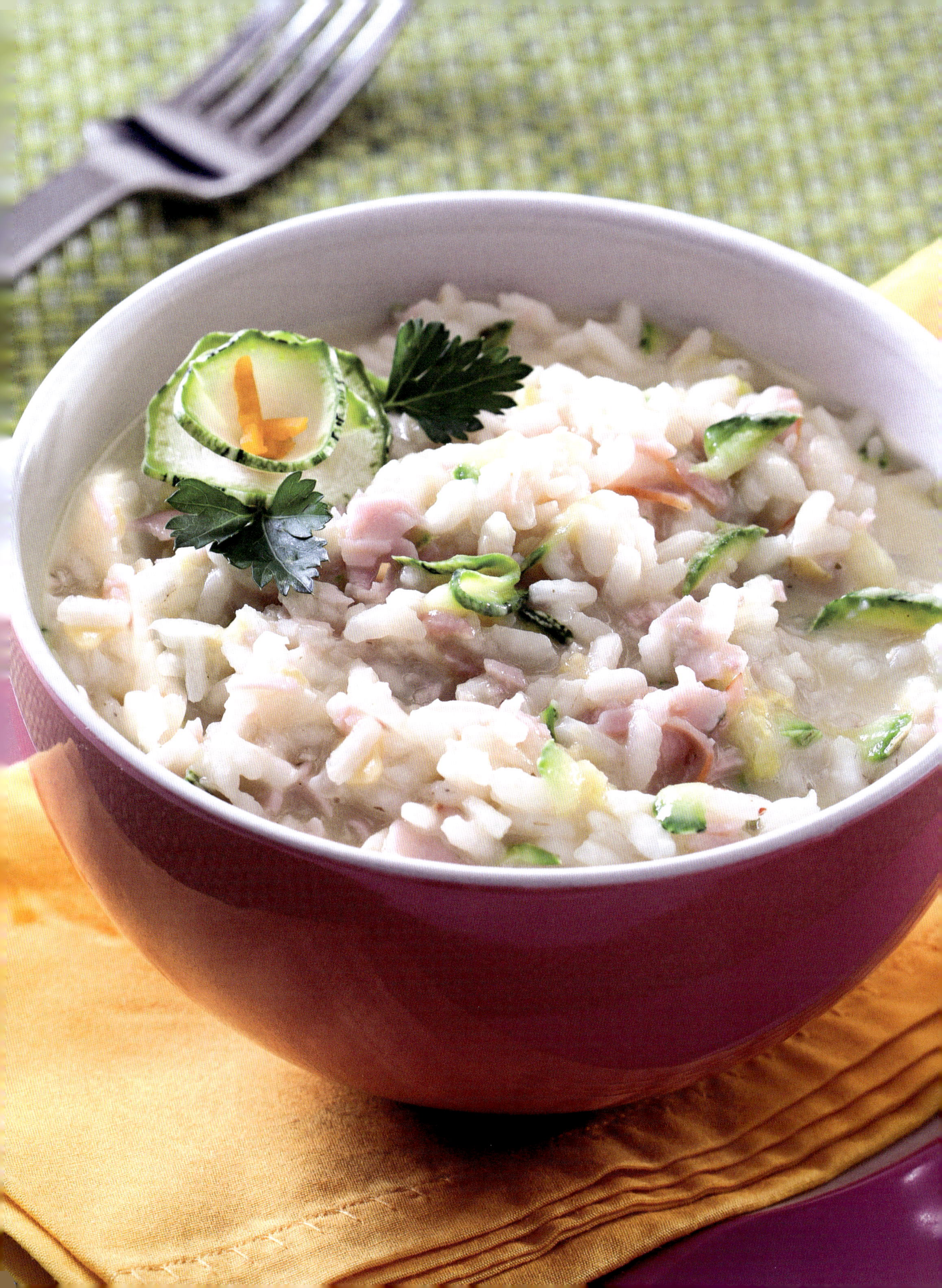

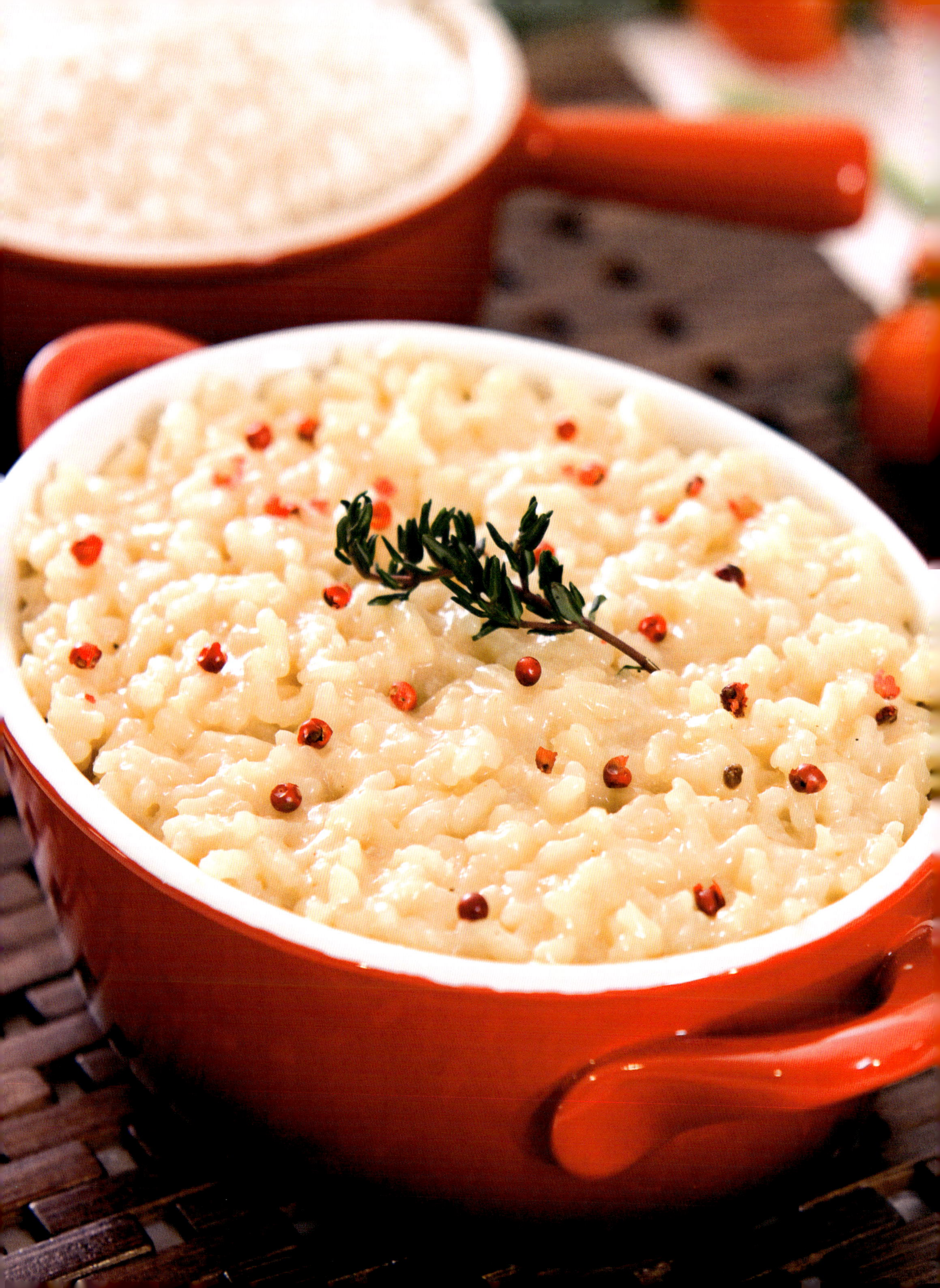

Risoto
Afrodisíaco

1 colher (sopa) de azeite
Chilli em pó a gosto
1 colher (chá) de curry
1 e 1/2 xícara (chá) de arroz arbório
2/3 de xícara (chá) de vinho branco seco
1,2 litro de caldo de legumes
1 e 1/2 colher (sopa) de gengibre ralado
Suco de 1 limão
2/3 de xícara (chá) de queijo emmenthal picado
1 colher (sopa) de manteiga gelada
Sal a gosto
Pimenta-rosa para decorar

Em uma panela, aqueça o azeite e junte o chilli, o curry, o arroz e o vinho. Quando o vinho secar, adicione o caldo de legumes quente, aos poucos, mexendo sempre. No meio do cozimento, acrescente o gengibre e o suco de limão. Quando o arroz estiver macio e com um pouco de líquido, acrescente o queijo emmenthal, a manteiga, o sal e misture até derreter e o arroz ficar cremoso. Sirva a seguir, decorada com pimenta-rosa.

Rendimento: 4 porções
Tempo de Preparo: 40 minutos

Risoto

Caprese

1 colher (sopa) de azeite
2 dentes de alho picados
1 e 1/2 xícara (chá) de arroz carnaroli
1 xícara (chá) de vinho branco seco
1 colher (chá) de grãos de mostarda
1,2 litro de caldo de legumes
1 xícara (chá) de tomate em cubos sem pele e sem sementes
100 g de muçarela de búfala tipo bola
Sal a gosto
2 colheres (sopa) de manteiga gelada
1/3 de maço de rúcula

Em uma panela coloque o azeite e frite o alho. Acrescente o arroz, o vinho branco seco e os grãos de mostarda. Quando o vinho secar, vá adicionando o caldo de legumes quente, aos poucos, mexendo sempre. Quando o arroz estiver macio e com um pouco de líquido, junte o tomate, a muçarela de búfala, o sal e misture. Desligue o fogo e adicione a manteiga e a rúcula. Sirva a seguir.

Rendimento: 4 porções
Tempo de Preparo: 40 minutos

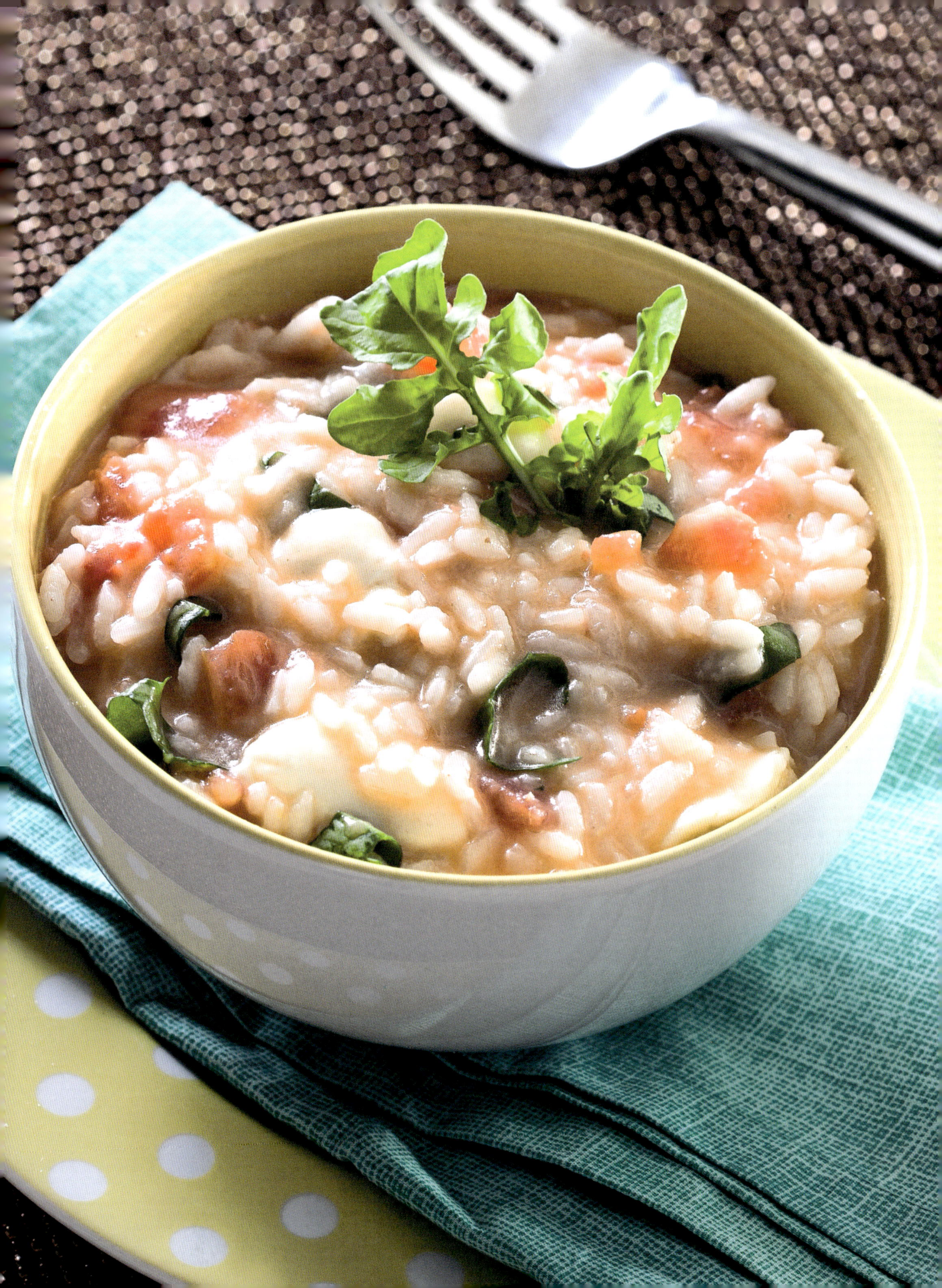

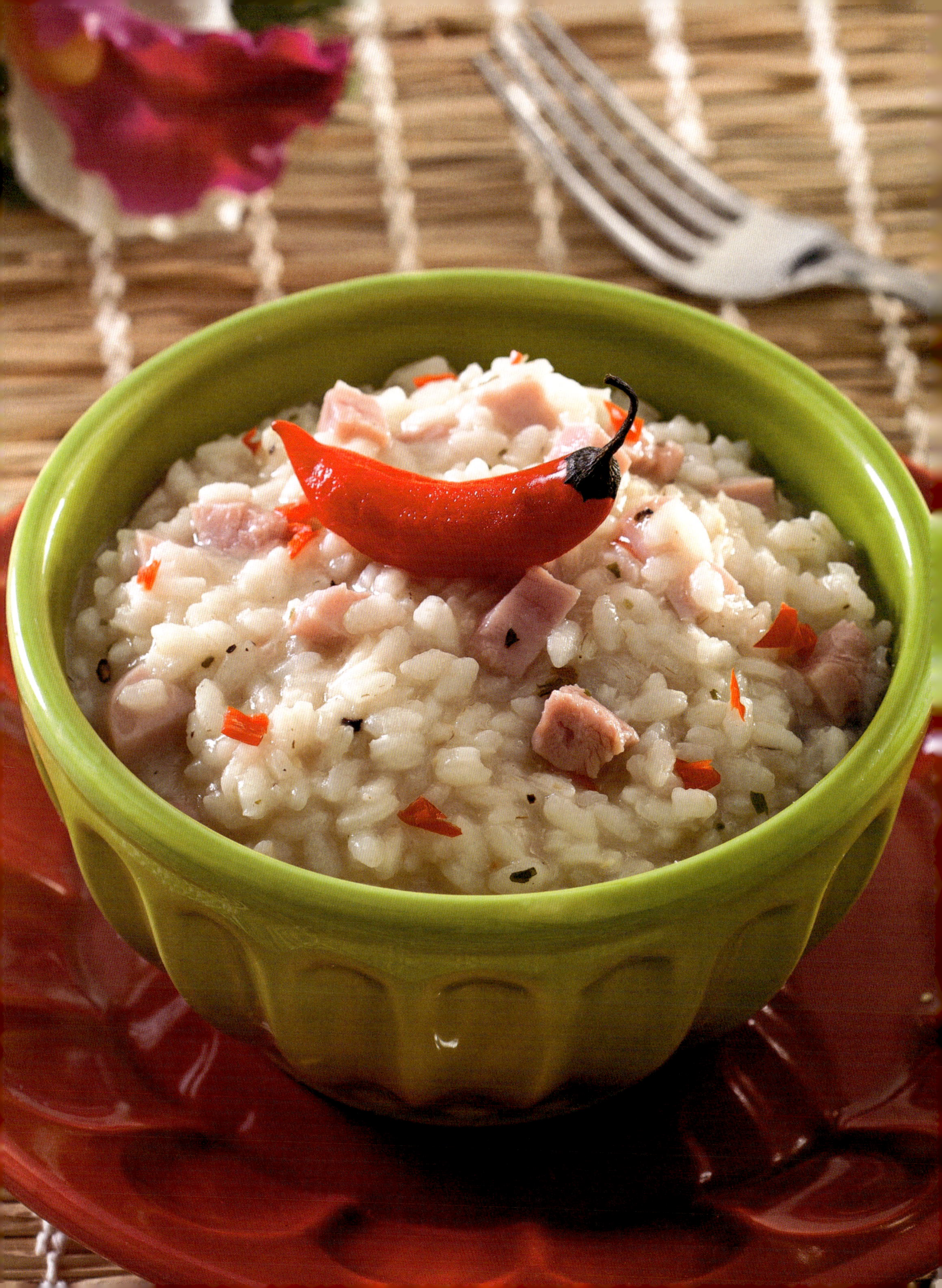

Risoto de
Pimenta e presunto

3 colheres (sopa) de azeite
2 dentes de alho picados
1 e 1/2 xícara (chá) de arroz vialone nano
1/2 xícara (chá) de vodca
1 colher (chá) de orégano
1,2 litro de caldo de carne
2 colheres (chá) de pimenta dedo-de-moça picada
1 xícara (chá) de presunto cozido cortado em cubos
4 colheres (sopa) de queijo parmesão ralado
2 colheres (sopa) de manteiga gelada
Sal a gosto

Em uma panela coloque o azeite e frite o alho. Acrescente o arroz, a vodca e o orégano. Quando a vodca secar, vá adicionando o caldo de carne quente, aos poucos, mexendo sempre. Na metade do cozimento, junte a pimenta dedo-de-moça e o presunto picado. Quando o arroz estiver macio e com um pouco de líquido acrescente o queijo parmesão. Misture até o queijo derreter. Desligue o fogo e acrescente a manteiga. Acerte o sal e sirva a seguir.

Rendimento: 4 porções
Tempo de Preparo: 40 minutos

Risoto de *Pimentões*

1 colher (sopa) de azeite
2 colheres (sopa) de cebola picada
3 dentes de alho picados
1 e 1/2 xícara (chá) de arroz arbório
1/2 xícara (chá) de vinho branco seco
1,2 litro de caldo de legumes
3/4 de xícara (chá) de pimentão vermelho em cubos
3/4 de xícara (chá) de pimentão verde em cubos
3/4 de xícara (chá) de pimentão amarelo em cubos
3/4 de xícara (chá) de queijo pecorino ralado
1 colher (sopa) de folhas de manjericão
Sal a gosto
1 colher (sopa) de manteiga gelada

Em uma panela coloque o azeite e frite a cebola e o alho. Acrescente o arroz e o vinho branco seco. Quando o vinho secar, vá adicionando o caldo de legumes quente, aos poucos, mexendo sempre. No meio do cozimento, adicione os pimentões. Quando o arroz estiver macio e com um pouco de líquido, acrescente o queijo pecorino e o manjericão. Misture até o queijo derreter. Desligue o fogo e acrescente o sal e a manteiga. Sirva a seguir.

Rendimento: 4 porções
Tempo de Preparo: 40 minutos

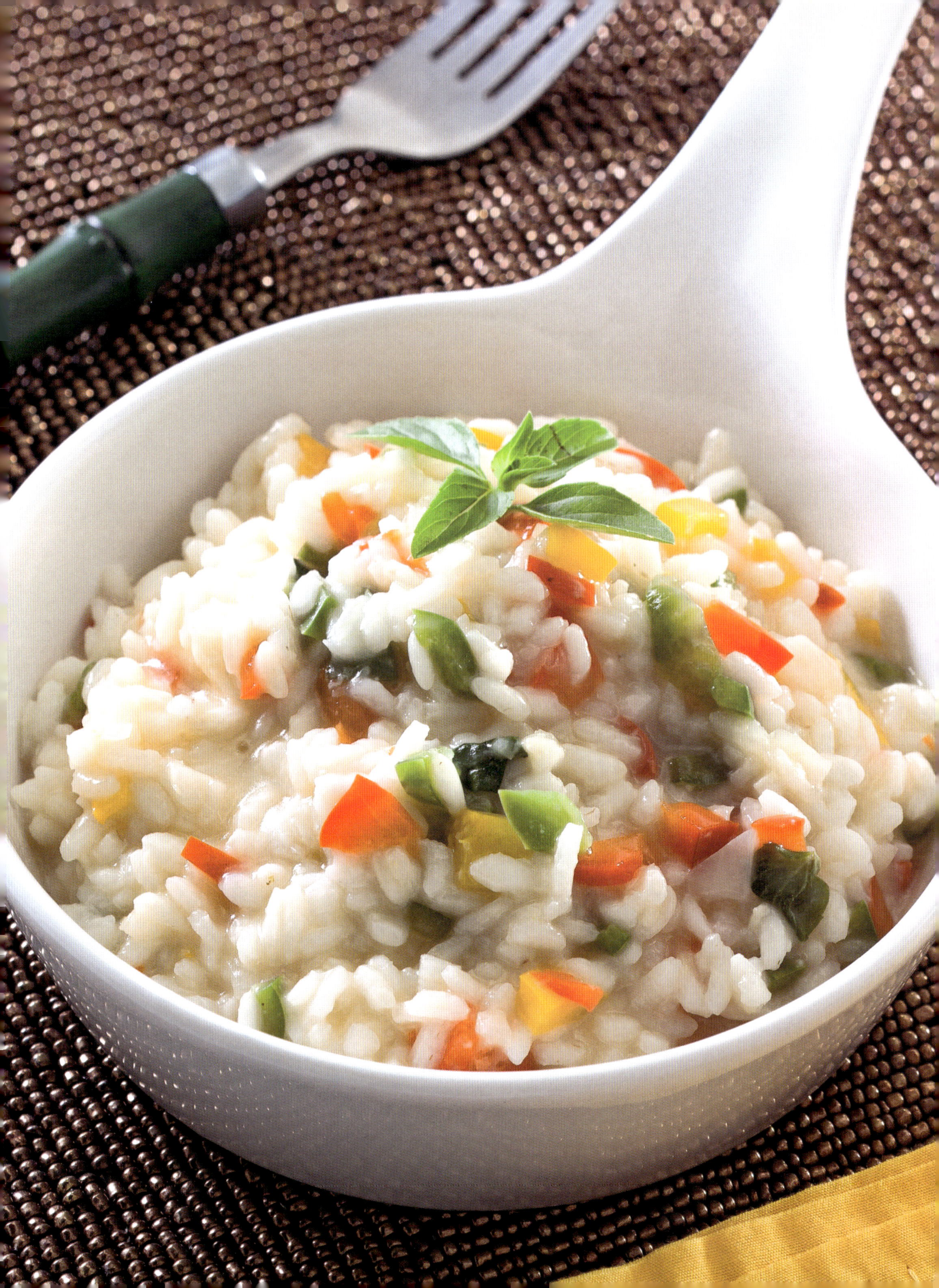

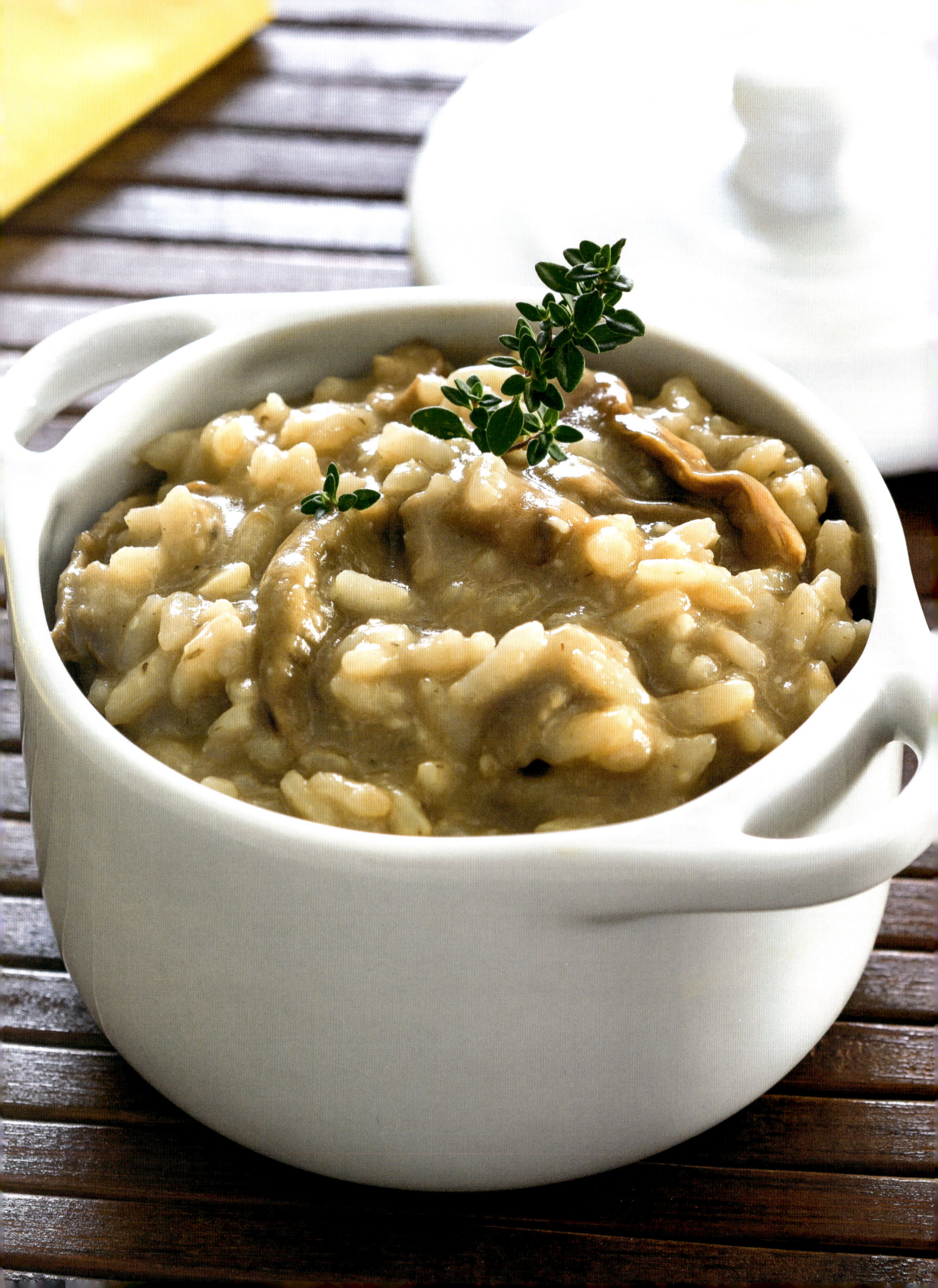

Risoto de
Porcini

1 xícara (chá) de cogumelos porcini secos
2 colheres (sopa) de azeite
1 e 1/2 xícara (chá) de arroz carnaroli
3/4 de xícara (chá) de whisky
1/2 colher (chá) de páprica picante
1 litro de caldo de legumes
2 colheres (sopa) de queijo parmesão ralado
2 colheres (sopa) de queijo catupiry
2 colheres (sopa) de manteiga gelada
Sal a gosto

Lave os cogumelos porcini e coloque-os de molho em água quente por 30 minutos. Escorra e reserve uma xícara (chá) de água. Em uma panela coloque o azeite, o arroz, o whisky e a páprica picante. Quando o whisky secar, junte a água que o porcini ficou de molho e vá adicionando o caldo de legumes quente, aos poucos, mexendo sempre. No meio do cozimento, acrescente o cogumelo porcini. Quando o arroz estiver macio e com um pouco de líquido, acrescente o queijo parmesão e o catupity. Misture até os queijos derreterem. Desligue o fogo e acrescente a manteiga. Acerte o sal e sirva a seguir.

Rendimento: 4 porções
Tempo de Preparo: 1 hora e 10 minutos

Risoto de
Pupunha com espinafre

3 colheres (sopa) de azeite
4 colheres (sopa) de cebola picada
1 e 1/2 xícara (chá) de arroz vialone nano
2/3 de xícara (chá) de vinho branco seco
1,2 litro de caldo de legumes
1 xícara (chá) de palmito pupunha cortado em tiras
1 xícara (chá) de espinafre picado
1/2 xícara (chá) de queijo grana padano ralado
1 colher (sopa) de manteiga gelada
1 colher (chá) de tomilho
Sal a gosto

Em uma panela, coloque o azeite, a cebola e frite rapidamente. Acrescente o arroz e o vinho. Quando o vinho secar, vá adicionando o caldo de legumes quente, aos poucos, mexendo sempre. Perto do fim do preparo adicione o palmito pupunha e o espinafre. Quando o arroz estiver macio e com um pouco de líquido, acrescente o queijo grana padano. Misture até o queijo derreter. Desligue, junte a manteiga, o tomilho, acerte o sal e mexa delicadamente. Sirva a seguir.

Rendimento: 4 porções
Tempo de Preparo: 40 minutos

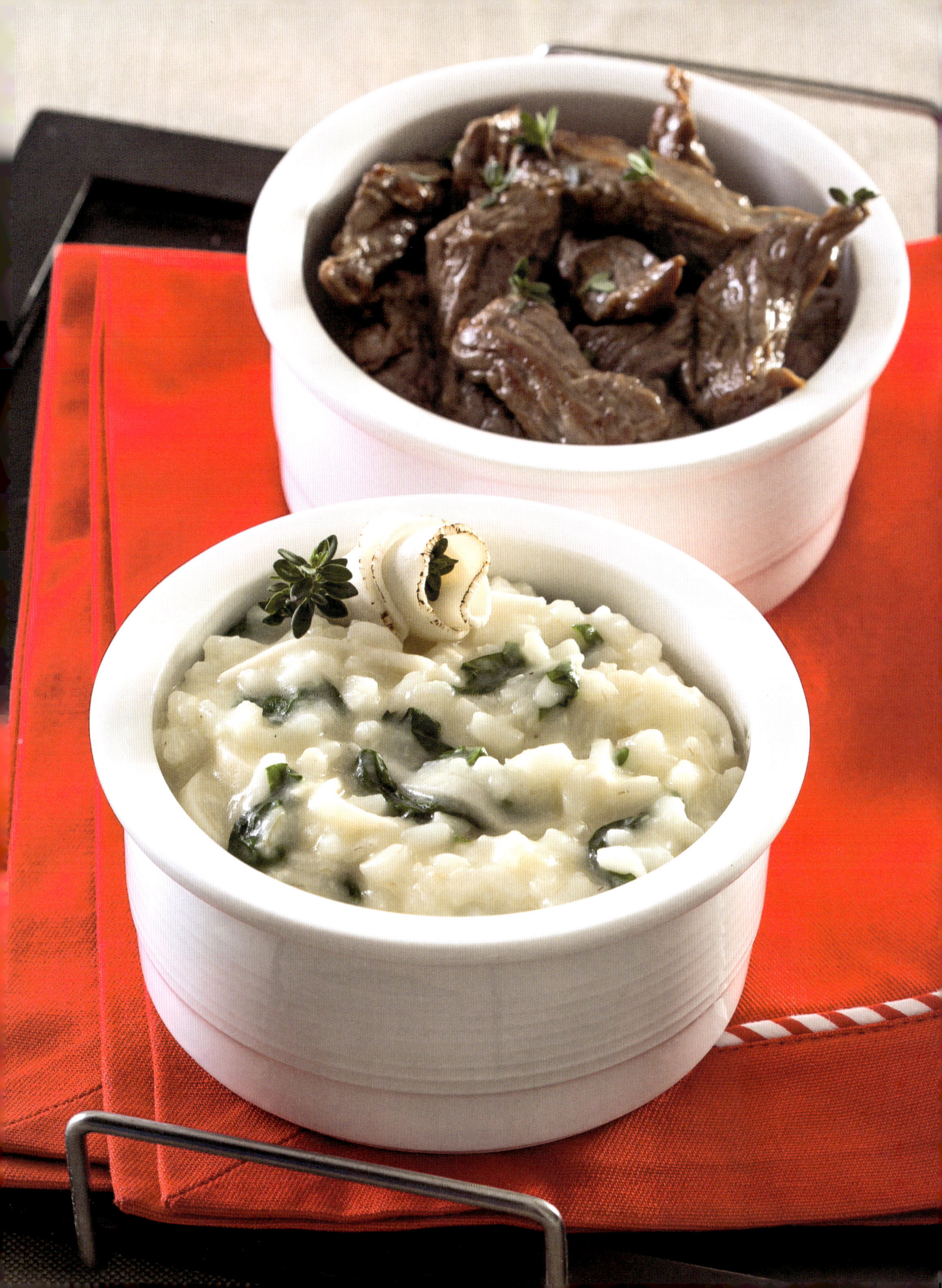

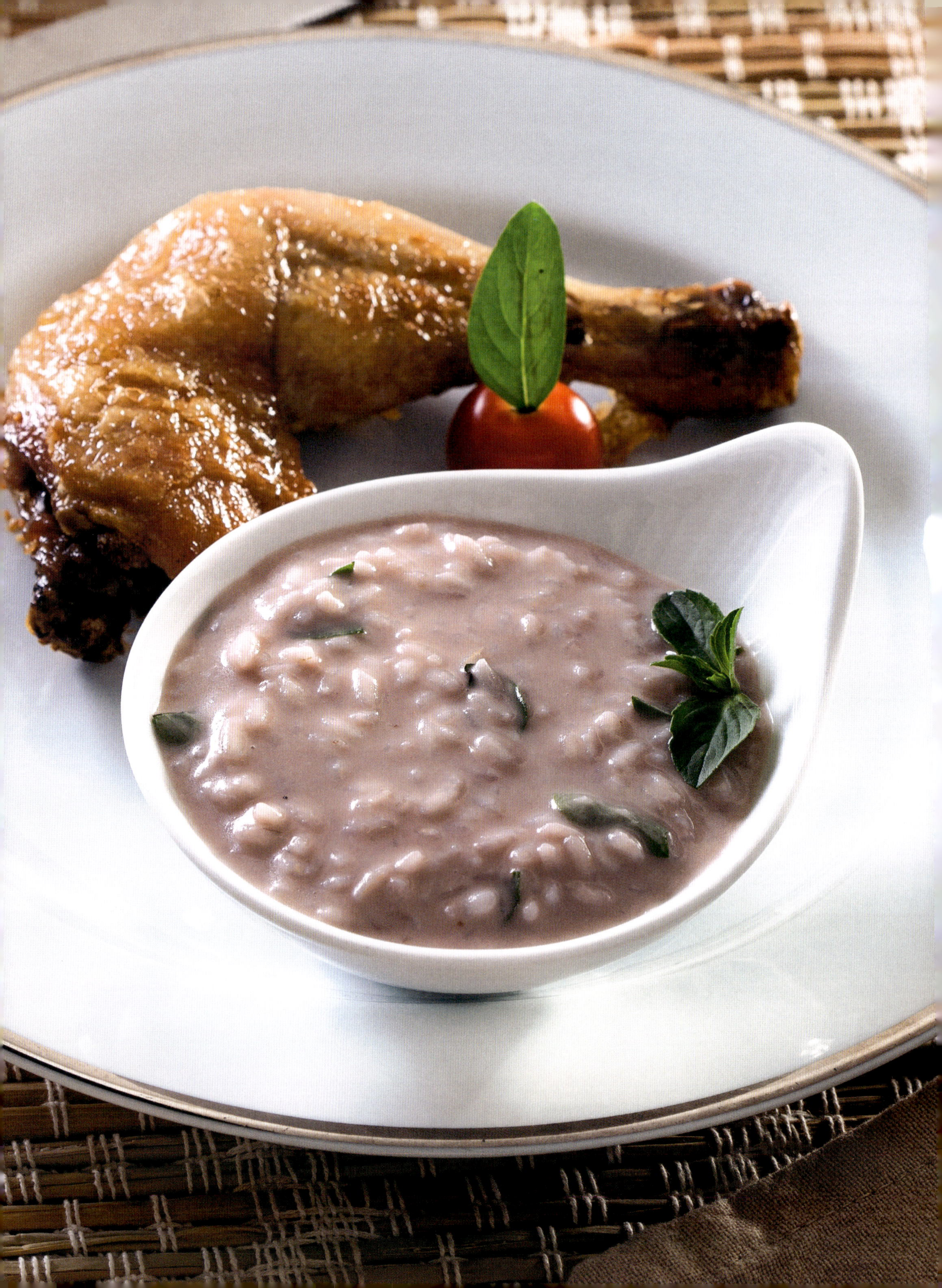

Risoto de *Queijo e vinho*

1 colher (sopa) de azeite
2 colheres (sopa) de cebola picada
1 dente de alho picado
1 e 1/2 xícara (chá) de arroz carnaroli
1 xícara (chá) de vinho tinto seco
1 pitada de canela em pó
1,2 litro de caldo de legumes
2 colheres (sopa) de queijo parmesão ralado
1 xícara (chá) de queijo gouda ralado
1 xícara (chá) de queijo do reino ralado
2 colheres (sopa) de manteiga gelada
Sal a gosto
Manjericão fresco a gosto

Em uma panela coloque o azeite e frite a cebola e o alho. Acrescente o arroz, o vinho tinto e a canela. Quando o vinho secar, vá adicionando o caldo de legumes quente, aos poucos, mexendo sempre. Quando o arroz estiver macio e com um pouco de líquido acrescente o queijo parmesão, o queijo gouda e o queijo do reino. Misture até os queijos derreterem. Desligue o fogo, acrescente a manteiga, o sal e o manjericão. Sirva a seguir.

Rendimento: 4 porções
Tempo de Preparo: 40 minutos

Risoto de
Ricota defumada, ervilha-torta e pistache

3 colheres (sopa) de azeite
4 colheres (sopa) de cebola picada
1 dente de alho picado
1 colher (sopa) de segurelha
1 e 1/2 xícara (chá) de arroz arbório
2/3 de xícara (chá) de vinho branco seco
1,2 litro de caldo de legumes
1 xícara (chá) de ervilha-torta cortada em tiras
3 colheres (sopa) de pistache torrado
4 colheres (sopa) de ricota defumada ralada
2 colheres (sopa) de manteiga gelada
Sal a gosto

Em uma panela, coloque o azeite, a cebola, o alho, a segurelha e frite rapidamente. Acrescente o arroz e o vinho. Quando o vinho secar, vá adicionando o caldo de legumes quente, aos poucos, mexendo sempre. Na metade do preparo adicione a ervilha-torta para que não amoleça muito. Quando o arroz estiver macio e com um pouco de líquido, acrescente os pistaches e a ricota defumada. Misture bem. Desligue, junte a manteiga, acerte o sal e mexa delicadamente. Sirva a seguir.

Rendimento: 4 porções
Tempo de Preparo: 40 minutos

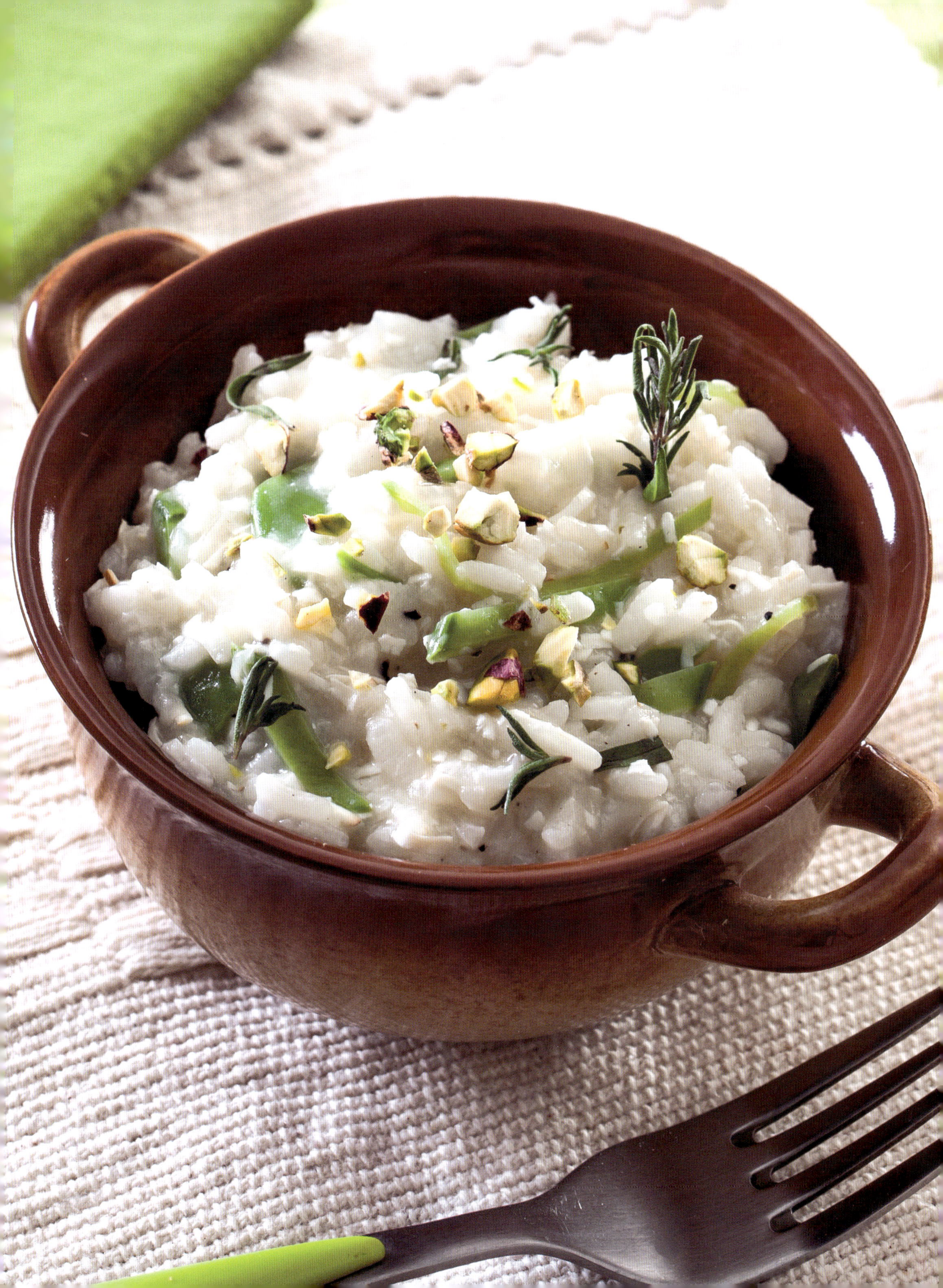

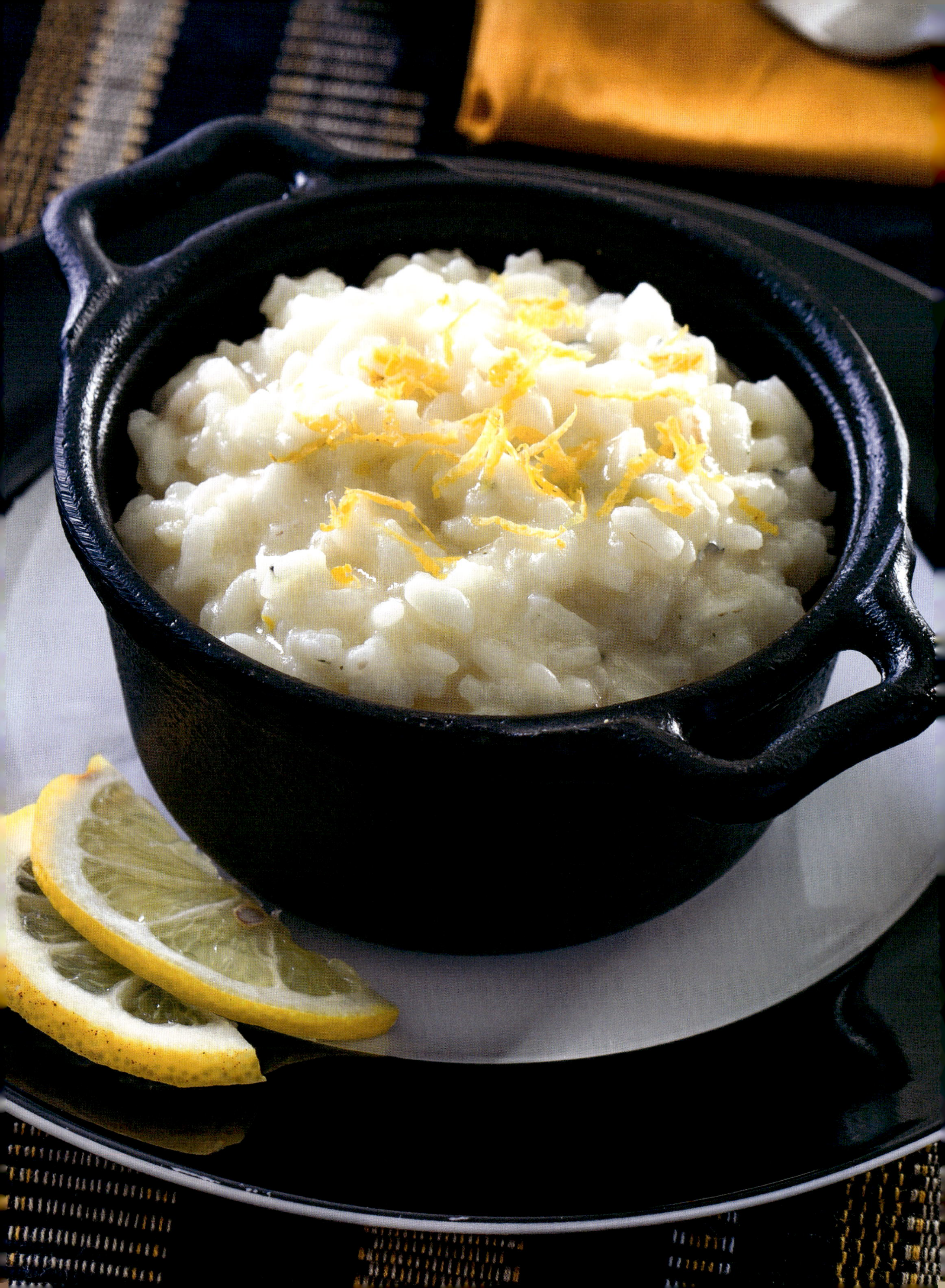

Risoto de Roquefort e limão-siciliano

2 colheres (sopa) de azeite
2 dentes de alho picados
1 e 1/2 xícara (chá) de arroz carnaroli
1/2 xícara (chá) de vinho branco seco
1 colher (chá) de louro em pó
1,2 litro de caldo de legumes
1/3 de xícara (chá) de suco de limão-siciliano
1 colher (sopa) de raspas de limão-siciliano
3 colheres (sopa) de queijo parmesão ralado
4 colheres (sopa) de queijo roquefort picado
1 colher (sopa) de manteiga gelada
Sal a gosto

Em uma panela coloque o azeite e frite o alho. Acrescente o arroz, o vinho branco seco e o louro em pó. Quando o vinho secar, vá adicionando o caldo de legumes quente, aos poucos, mexendo sempre. Quando o arroz estiver macio e com um pouco de líquido, acrescente o suco de limão, as raspas, os queijos parmesão e roquefort. Misture até os queijos derreterem. Desligue o fogo e acrescente a manteiga. Acerte o sal e sirva a seguir.

Rendimento: 4 porções
Tempo de Preparo: 40 minutos

Risoto de *Legumes*

3 colheres (sopa) de azeite
1/2 cebola picada
3 dentes de alho picados
1 cenoura pequena cortada em cubos
1 e 1/2 xícara (chá) de arroz carnaroli
1 xícara (chá) de vinho branco seco
2 colheres (chá) de páprica doce
1,2 litro de caldo de legumes
1/2 chuchu pequeno cortado em cubos
1/2 xícara (chá) de ervilhas frescas
1/2 xícara (chá) de queijo parmesão ralado
2 colheres (sopa) de manteiga gelada
1 xícara (chá) de tomates cereja ou sweet cortados ao meio
Sal a gosto

Em uma panela coloque o azeite e frite a cebola e o alho. Acrescente a cenoura, o arroz, o vinho branco seco e a páprica doce. Quando o vinho secar, vá adicionando o caldo de legumes quente, aos poucos, mexendo sempre. Na metade do cozimento, junte o chuchu e as ervilhas. Quando o arroz estiver macio e com um pouco de líquido, acrescente o queijo parmesão. Misture até o queijo derreter. Desligue o fogo e acrescente a manteiga e os tomates. Acerte o sal e sirva a seguir.

Rendimento: 4 porções
Tempo de Preparo: 40 minutos

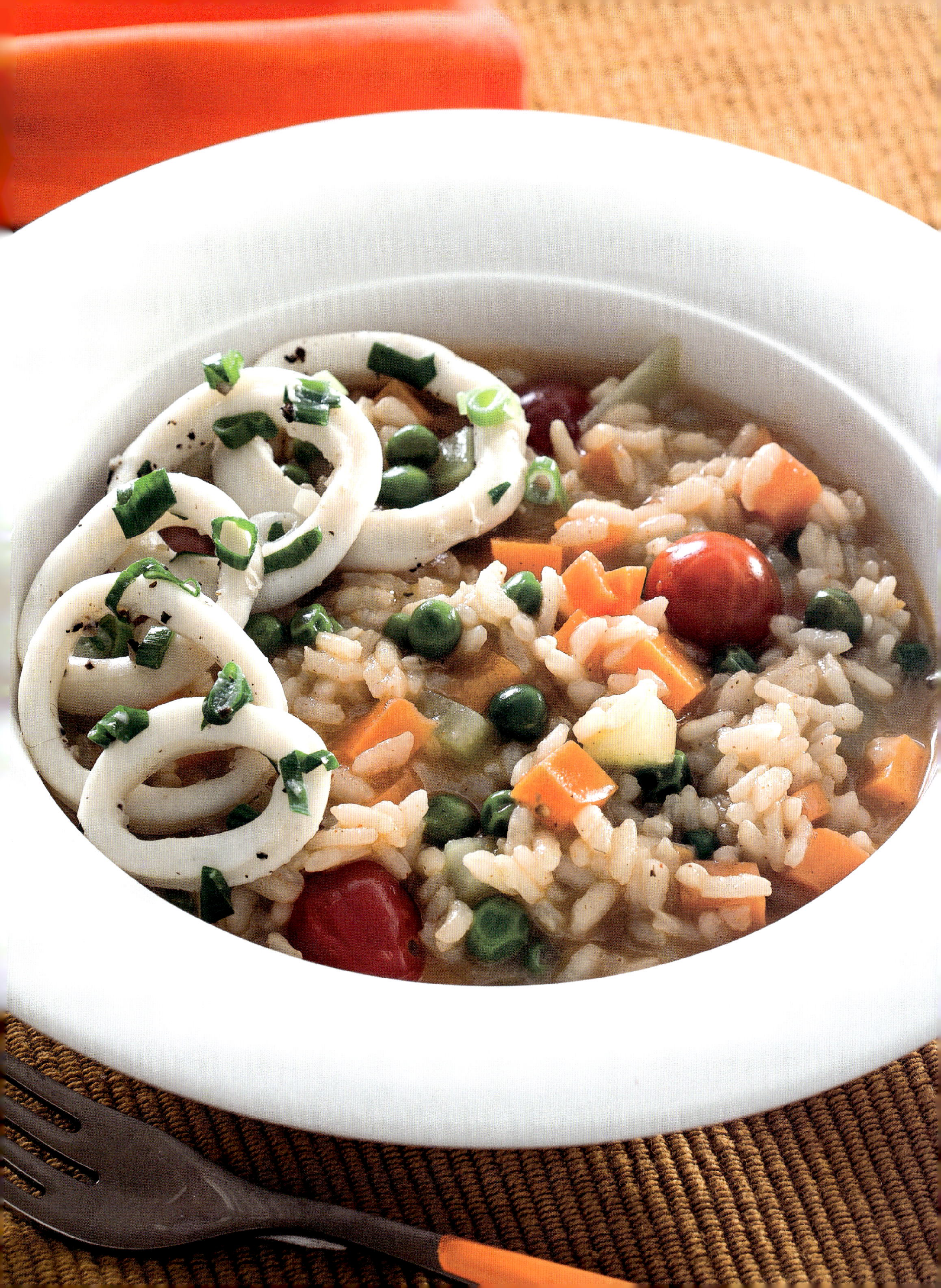

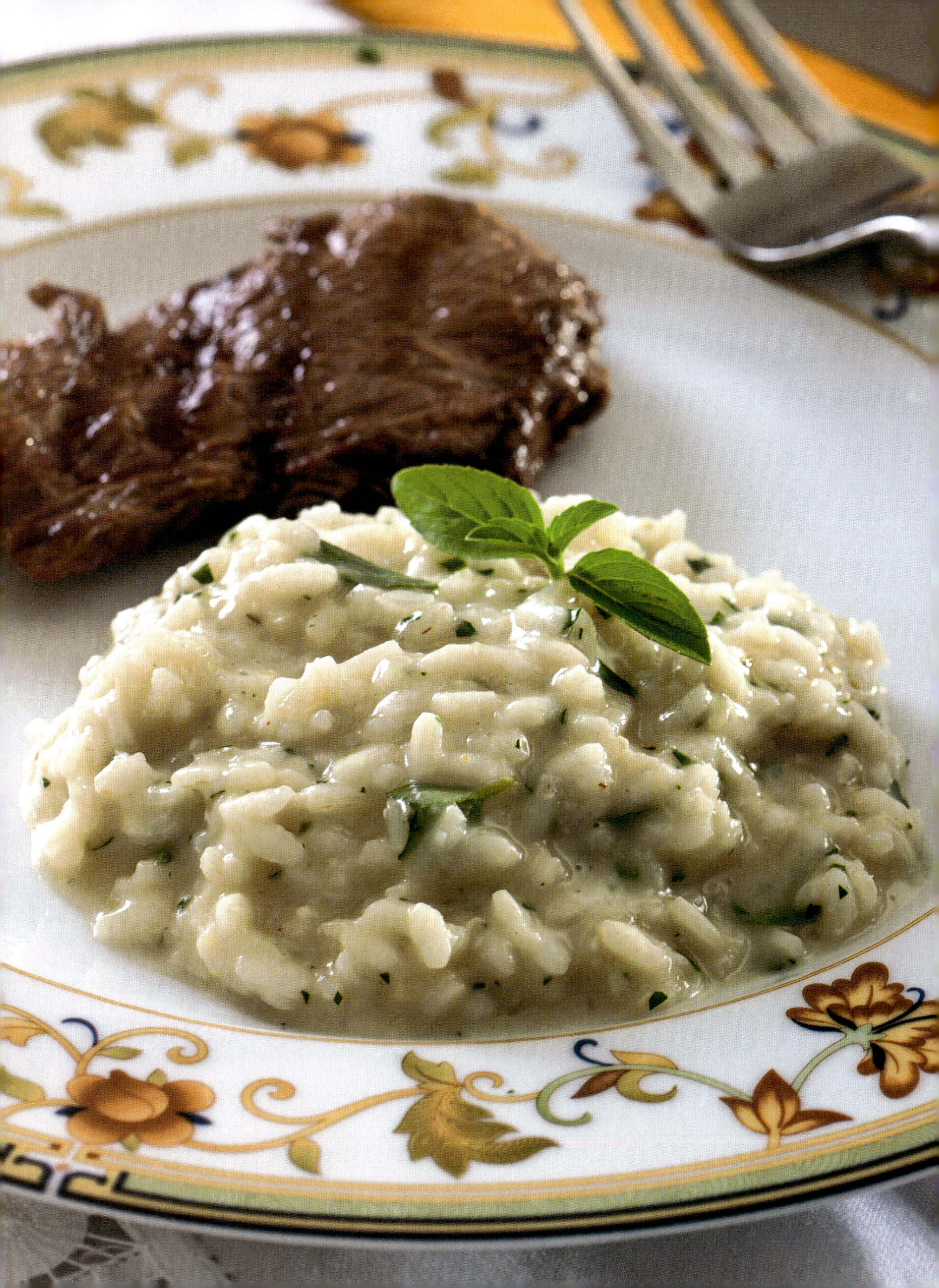

Risoto de Salsa e manjericão

1 colher (sopa) de azeite
2 colheres (sopa) de cebola picada
1 dente de alho picado
1 e 1/2 xícara (chá) de arroz arbório
1 xícara (chá) de vinho branco seco
1 pitada de cravo em pó
1,2 litro de caldo de legumes
2 colheres (sopa) de queijo parmesão ralado
2 colheres (sopa) de manteiga gelada
Sal a gosto
2 colheres (sopa) de salsa picada
1 colher (sopa) de folhas de manjericão

Em uma panela coloque o azeite e frite a cebola e o alho. Acrescente o arroz, o vinho branco seco e o cravo em pó. Quando o vinho secar, vá adicionando o caldo de legumes quente, aos poucos, mexendo sempre. Quando o arroz estiver macio e com um pouco de líquido, acrescente o queijo parmesão. Misture até o queijo derreter. Desligue o fogo e acrescente a manteiga, o sal, a salsa e o manjericão. Sirva a seguir.

Rendimento: 4 porções
Tempo de Preparo: 40 minutos

Risoto de
Shiitake com pochê ao centro

1 colher (sopa) de azeite
4 colheres (sopa) de cebola picada
1 e 1/2 xícara (chá) de arroz arbório integral
1 xícara (chá) de vinho branco seco
1/2 colher (chá) de pimenta-da-jamaica em pó
1,8 litro de caldo de legumes
2 xícaras (chá) de shiitake fatiado
1/2 xícara (chá) de queijo pecorino ralado
2 colheres (sopa) de manteiga gelada
2 colheres (sopa) de cebolinha picada
Sal a gosto

Ovos Pochê
Sal a gosto
4 ovos

Em uma panela coloque o azeite e frite a cebola. Acrescente o arroz, o vinho branco seco e a pimenta-da-jamaica. Quando o vinho secar, vá adicionando o caldo de legumes quente, aos poucos, mexendo sempre. Quase no final do cozimento, junte o shiitake. Quando o arroz estiver macio e com um pouco de líquido, acrescente o queijo pecorino. Misture até o queijo derreter. Desligue o fogo e acrescente a manteiga, a cebolinha e o sal.

Para fazer o ovo pochê, separe uma frigideira larga com água e sal em fogo baixo, sem deixar ferver. Quebre os ovos na água, delicadamente, e deixe cozinhar por 4 minutos. Arrume o risoto em pratos e coloque um ovo pochê por cima. Sirva a seguir.

Rendimento: 4 porções
Tempo de Preparo: 1 hora

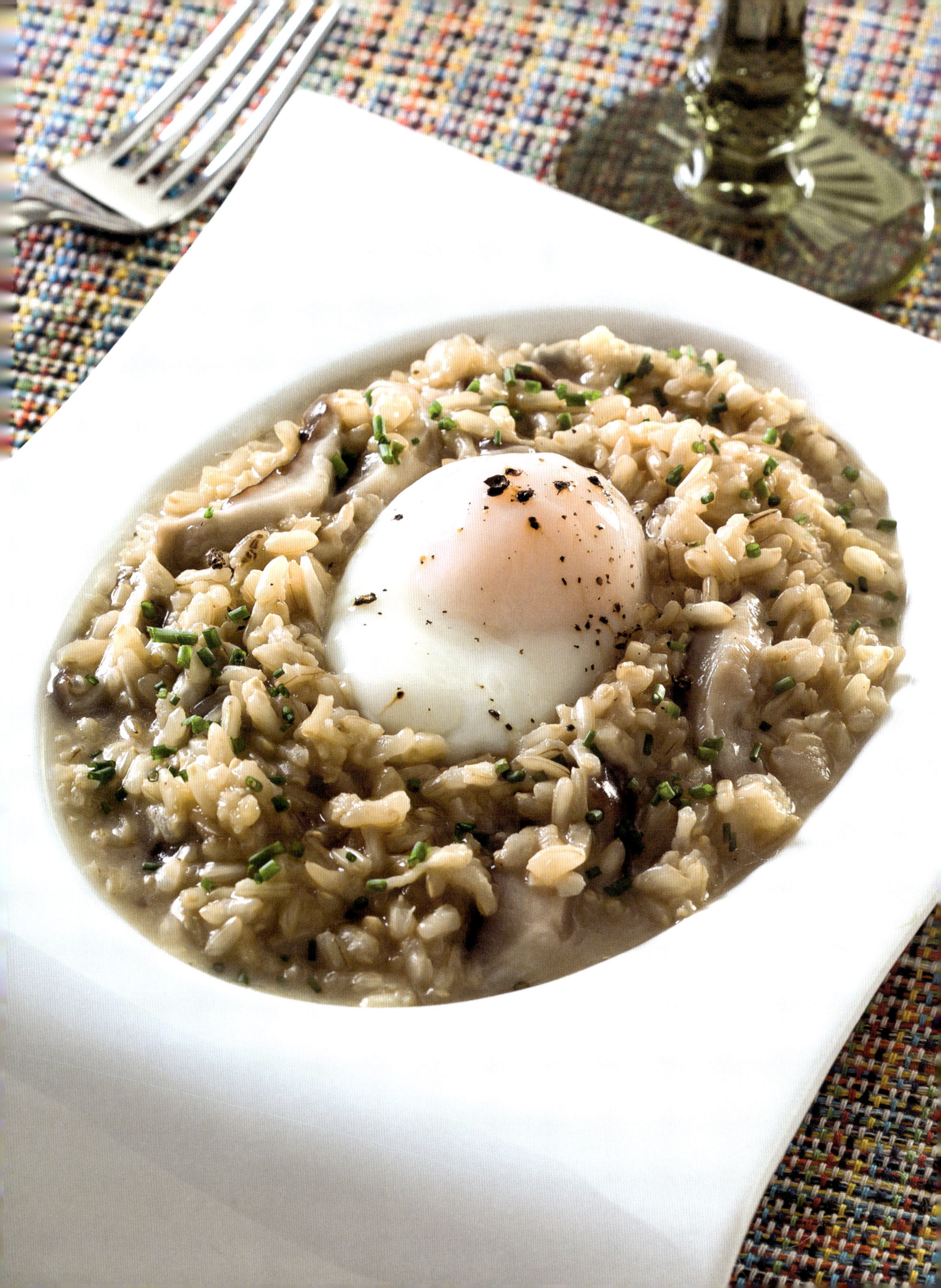

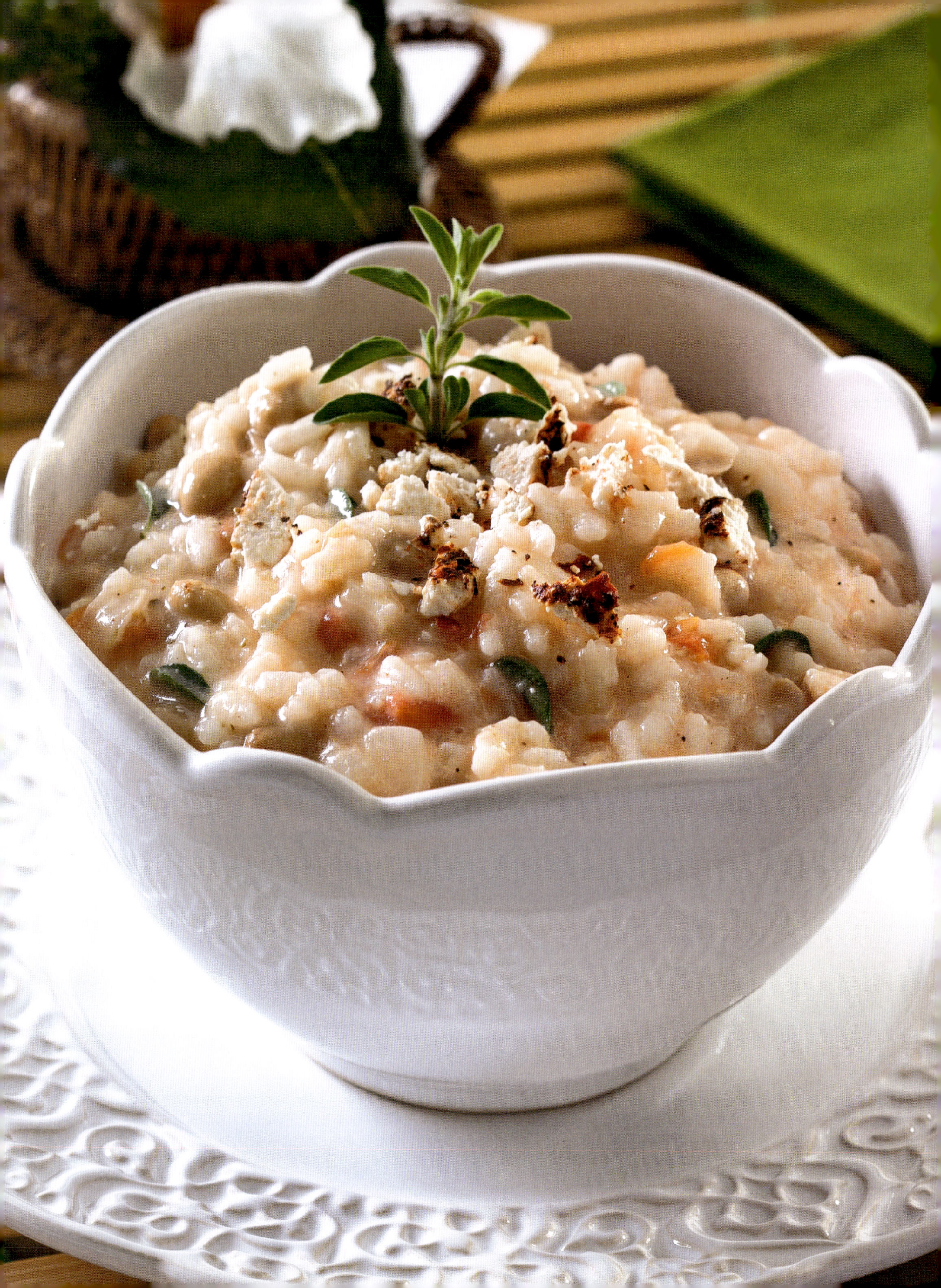

Risoto de
Soja com tomate

1 colher (sopa) de azeite
2 colheres (sopa) de cebola picada
1 colher (chá) de alho picado
1 e 1/2 xícara (chá) de arroz arbório
3/4 de xícara (chá) de vinho branco seco
1,2 litro de caldo de legumes
1 xícara (chá) de soja cozida com sal
1 xícara (chá) de tomate picado sem pele e sem sementes
1 queijo chancliche esfarelado (tradicional, com záhtar ou com páprica)
2 colheres (sopa) de manteiga gelada
1 colher (sopa) de manjerona
Sal a gosto

Em uma panela coloque o azeite e frite a cebola e o alho. Acrescente o arroz e o vinho branco seco. Quando o vinho secar, vá adicionando o caldo de legumes quente, aos poucos, mexendo sempre. Acrescente a soja e o tomate. Quando o arroz estiver macio e com um pouco de líquido acrescente o queijo chancliche e misture. Desligue o fogo e acrescente a manteiga, a manjerona e o sal. Sirva a seguir.

Rendimento: 4 porções
Tempo de Preparo: 40 minutos

Risoto de
Tilápia e mini alcaparra

3 colheres (sopa) de azeite
2 colheres (sopa) de cebola picada
1 colher (chá) de alho picado
2 xícaras (chá) de tilápia em lascas
1 e 1/2 xícara (chá) de arroz arbório
1 xícara (chá) de vinho branco seco
Pimenta-do-reino branca a gosto
1,2 litro de caldo de peixe
1/2 xícara de mini alcaparras
3/4 de xícara (chá) de queijo gruyère ralado
1 colher (sopa) de manteiga gelada
Sal a gosto

Em uma panela coloque o azeite e frite a cebola, o alho e a tilápia em lascas. Acrescente o arroz, o vinho branco seco e a pimenta-do-reino branca. Quando o vinho secar, vá adicionando o caldo de peixe quente, aos poucos, mexendo sempre. No meio do cozimento, junte as mini alcaparras. Quando o arroz estiver macio e com um pouco de líquido, acrescente o queijo gruyère. Misture até o queijo derreter. Desligue o fogo e acrescente a manteiga. Acerte o sal e sirva a seguir.

Rendimento: 4 porções
Tempo de Preparo: 45 minutos

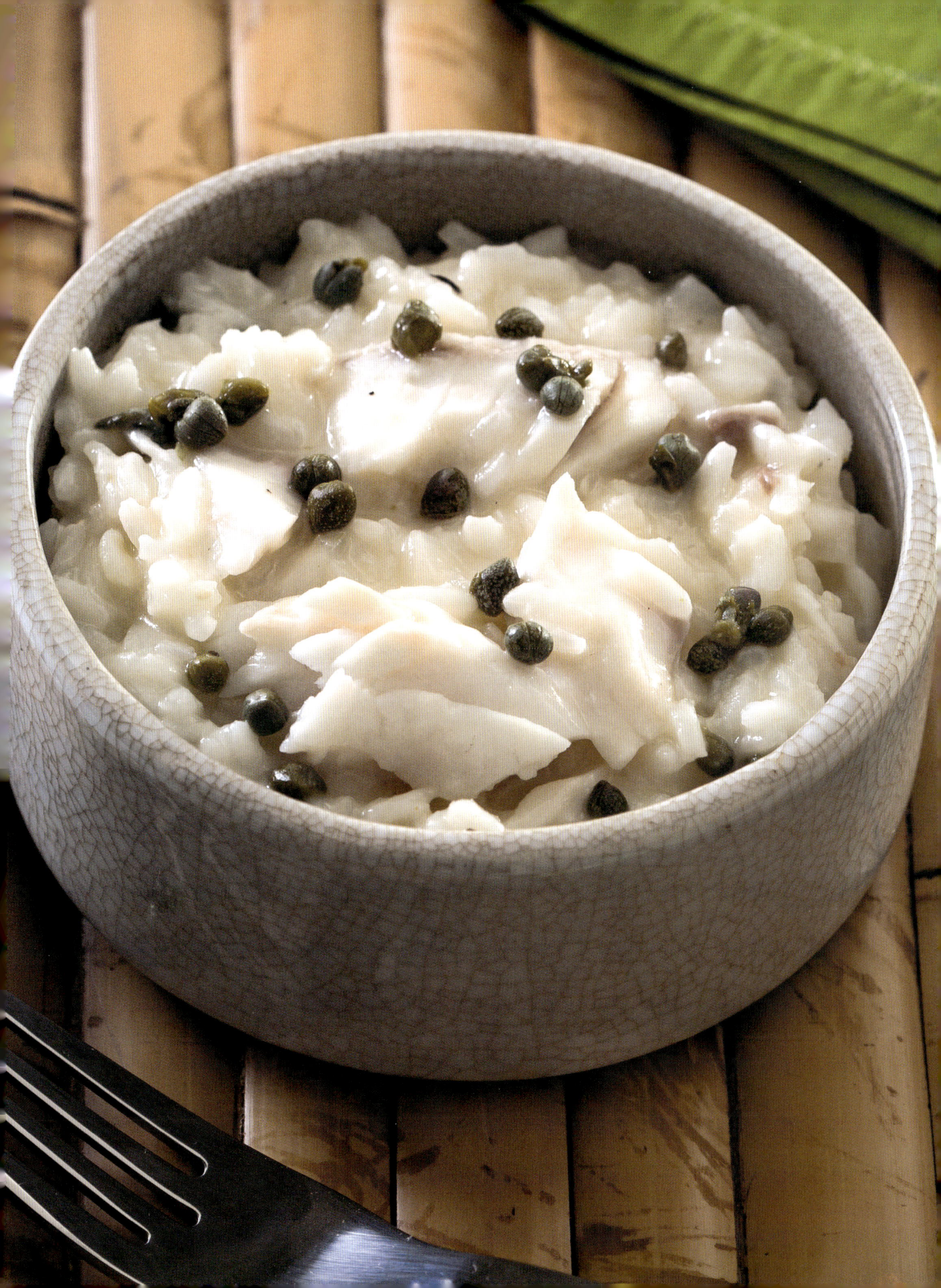

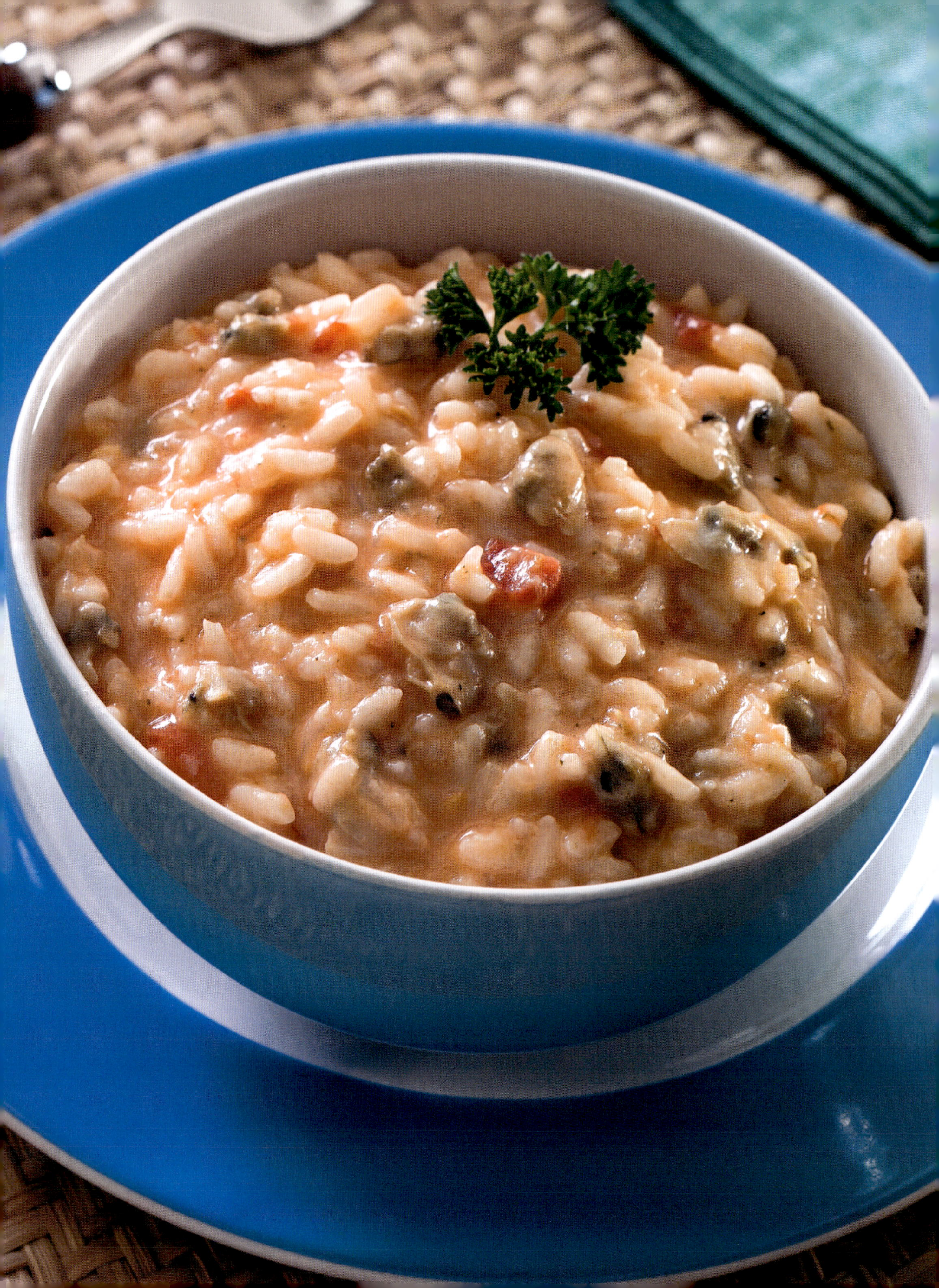

Risoto de
Vôngole e tomate pelado

2 colheres (sopa) de azeite
1 xícara (chá) de vôngole
Sal e pimenta-do-reino a gosto
2 colheres (sopa) de cebola picada
1 e 1/2 xícara (chá) de arroz arbório
1 xícara (chá) de vinho branco seco
1,2 litro de caldo de legumes
1 lata tomate pelado picado
3/4 de xícara (chá) de queijo caccio cavallo ralado
2 colheres (sopa) de manteiga gelada

Em uma frigideira coloque uma colher (sopa) de azeite e frite os vôngoles. Tempere com sal e pimenta-do-reino. Reserve. Em uma panela coloque o restante do azeite e frite a cebola. Acrescente o arroz e o vinho branco seco. Quando o vinho secar, vá adicionando o caldo de legumes quente, aos poucos, mexendo sempre. No meio do cozimento, junte o tomate pelado e os vôngoles. Quando o arroz estiver macio e com um pouco de líquido acrescente o queijo caccio cavallo. Misture até o queijo derreter. Desligue o fogo e acrescente a manteiga e o sal. Sirva a seguir.

Rendimento: 4 porções
Tempo de Preparo: 45 minutos

Risoto Mignon

2 colheres (sopa) de azeite
200 g de filé mignon cortado em tiras
Sal e pimenta-do-reino branca a gosto
3 colheres (sopa) de cebola picada
1 e 1/2 xícara (chá) de arroz arbório
1 xícara (chá) de vinho tinto seco
Noz-moscada a gosto
1,2 litro de caldo de carne
1/2 xícara (chá) de queijo parmesão ralado
2 colheres (sopa) de manteiga gelada
1 colher (sopa) de salsa picada

Em uma frigideira coloque uma colher (sopa) de azeite e frite as tiras de filé mignon. Tempere com sal e pimenta-do-reino branca. Reserve. Em uma panela coloque o restante do azeite e frite a cebola. Acrescente o arroz, o vinho tinto e a noz-moscada. Quando o vinho tinto secar, vá adicionando o caldo de carne quente, aos poucos, mexendo sempre. Quando o arroz estiver macio e com um pouco de líquido, acrescente o queijo parmesão e o filé mignon. Misture até o queijo derreter. Desligue o fogo e acrescente a manteiga e a salsa picada. Acerte o sal e sirva a seguir.

Rendimento: 4 porções
Tempo de Preparo: 45 minutos

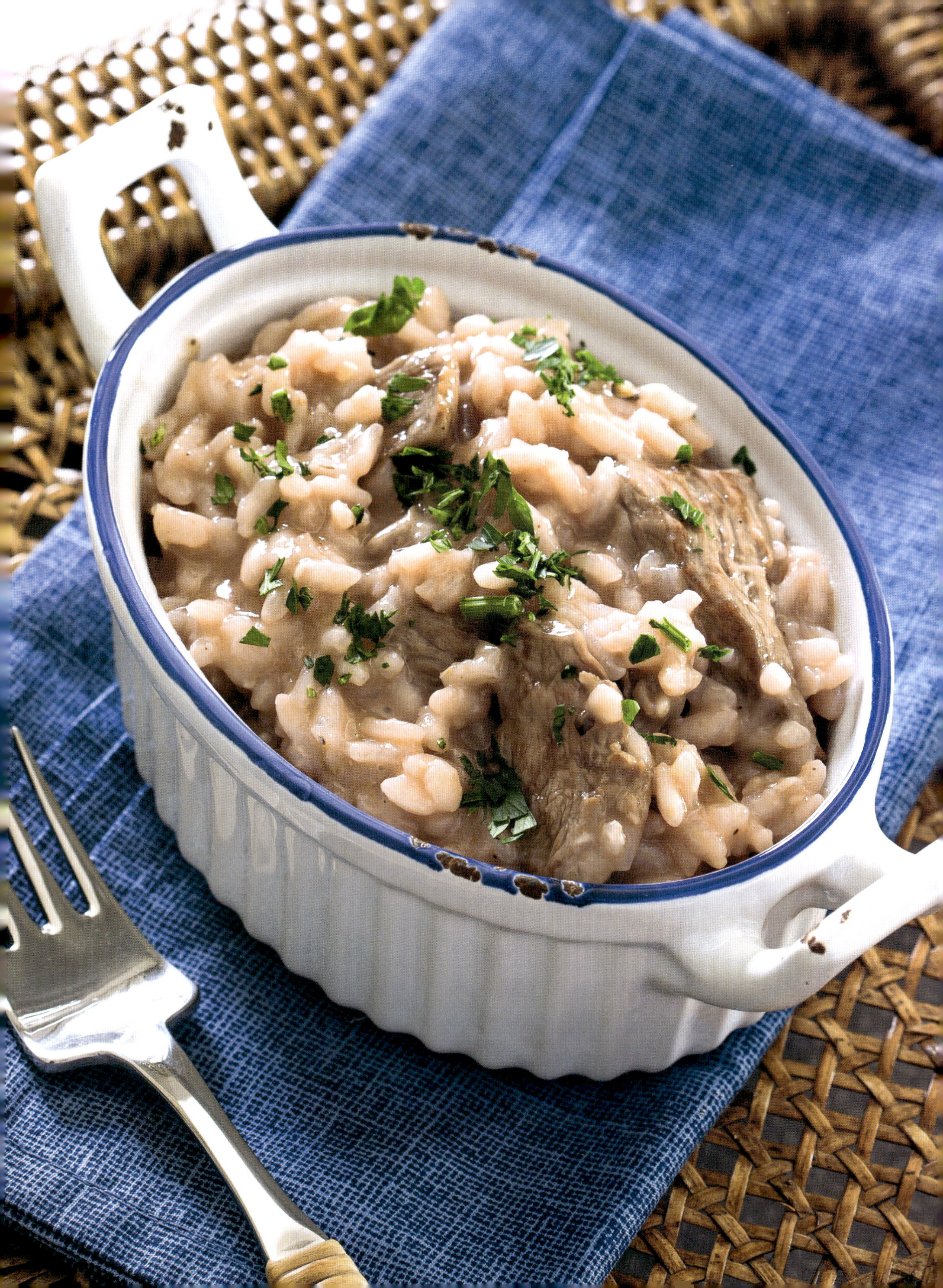

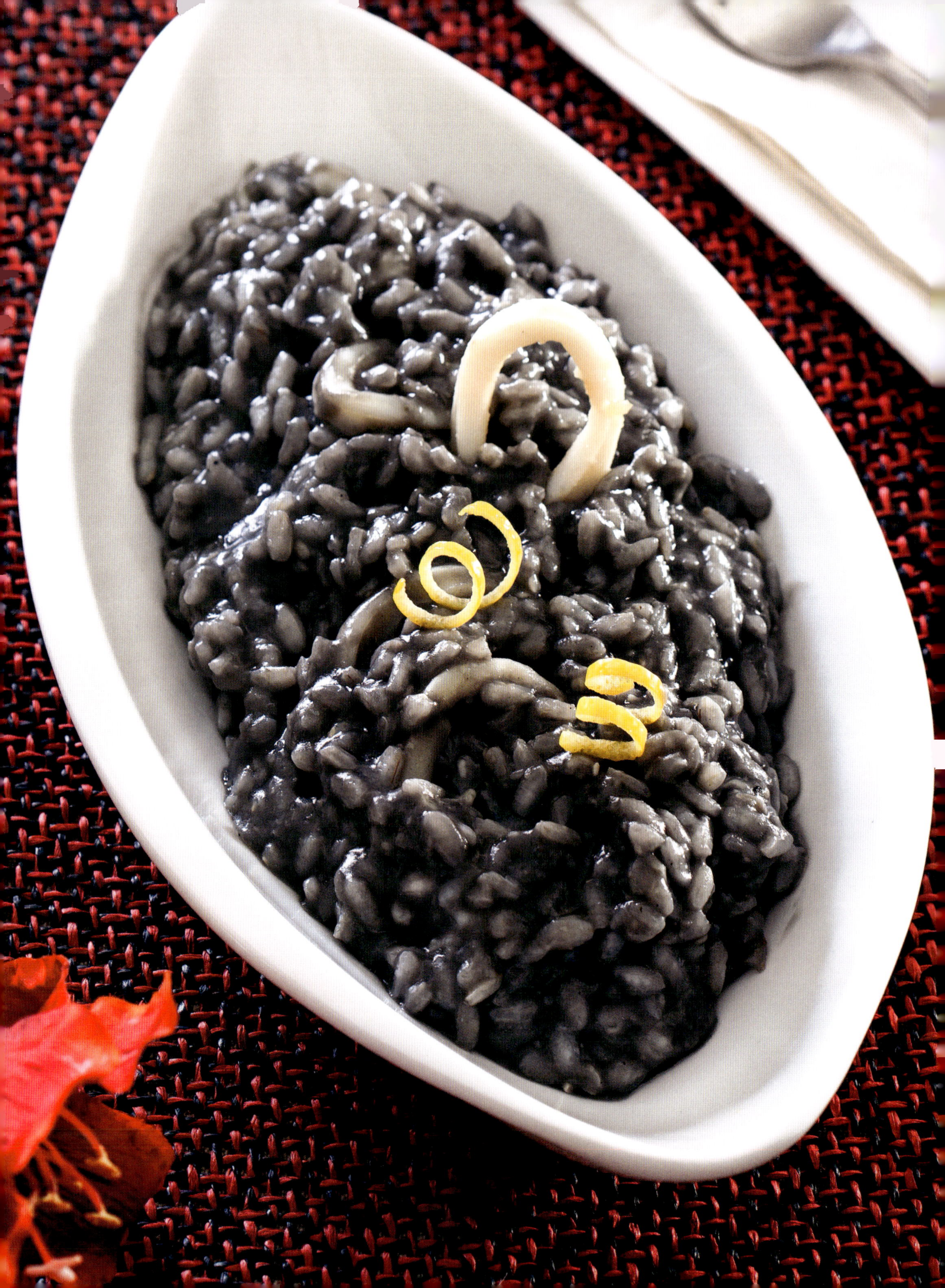

Risoto Negro

3 lulas limpas em anéis
Suco de 1/2 limão-siciliano
1 dente de alho picado
2 colheres (sopa) de azeite
Sal a gosto
Pimenta-do-reino a gosto
2 colheres (sopa) de cebola picada
1 e 1/2 xícara (chá) de arroz vialone nano
3/4 de xícara (chá) vinho branco seco
1,2 litro de caldo de peixe
1 envelope de tinta de lula
2 colheres (sopa) de queijo parmesão ralado
2 colheres (sopa) de manteiga gelada
Salsa picada a gosto

Em um recipiente coloque os anéis de lula, o suco do limão e o alho. Deixe tomar gosto por alguns minutos. Em uma frigideira frite os anéis de lula em metade do azeite, tempere com sal e pimenta e reserve. Em uma panela, coloque o azeite restante e frite a cebola. Acrescente o arroz e o vinho branco seco. Quando o vinho secar, vá adicionando o caldo de peixe quente, aos poucos, mexendo sempre. Quando o arroz estiver macio e com um pouco de líquido, acrescente a tinta da lula e o queijo parmesão. Misture até o queijo derreter. Desligue o fogo, acrescente as lulas reservadas, a manteiga e a salsa. Acerte o sal e sirva a seguir.

Rendimento: 4 porções
Tempo de Preparo: 40 minutos

Senac

ADMINISTRAÇÃO REGIONAL DO SENAC NO ESTADO DE SÃO PAULO

Presidente do Conselho Regional:
Abram Szajman

Diretor do Departamento Regional:
Luiz Francisco de A. Salgado

Superintendente Universitário e de Desenvolvimento:
Luiz Carlos Dourado

Conselho Editorial:
Luiz Francisco de A. Salgado
Luiz Carlos Dourado
Darcio Sayad Maia
Lucila Mara Sbrana Sciotti
Luís Américo Tousi Botelho

Gerente/Publisher:
Luís Américo Tousi Botelho

Coordenação Editorial:
Verônica Pirani de Oliveira

Prospecção:
Dolores Crisci Manzano

Comercial:
Aldair Novais Pereira

Administrativo:
Marina P. Alves

Impressão e Acabamento:
Gráfica Serrano

Editora Senac São Paulo
Av. Engenheiro Eusébio Stevaux, 823 – Prédio Editora
Jurubatuba – CEP 04696-000 – São Paulo – SP
Tel. (11) 2187-4450
editora@sp.senac.br
https://www.editorasenacsp.com.br

© Editora Senac São Paulo, 2013

Edição: André Boccato
Coordenação Editorial: Rodrigo Costa
Coordenação Administrativa: Maria Aparecida C. Ramos
Projeto Gráfico: Rodrigo Maragliano
Coordenação de Produção: Arturo Kleque Gomes Neto
Revisão de Textos: Maria Paula Carvalho Bonilha
Cozinha Experimental: Aline Maria Terrassi Leitão / Daniel Borges / Pedro Campos
Fotografias das Receitas: Cristiano Lopes
Fotografias: páginas 10, 11 e guardas (Shutterstock)
Produção Fotográfica: Airton G. Pacheco
Textos: Jezebel Salem

As fotografias das receitas deste livro são ensaios artísticos, não necessariamente reproduzindo as proporções e a realidade das receitas, as quais foram criadas e testadas pelos autores, porém sua efetiva realização será sempre uma interpretação pessoal dos leitores.

Dados Internacionais de Catalogação na Publicação (CIP)
(Jeane Passos de Souza - CRB 8ª/6189)

Boccato, André
 Risotos : 50 receitas / André Boccato. -- São Paulo : Editora Senac São Paulo, 2013.

 ISBN 978-85-396-0412-8

 1. Risoto (Culinária) 2. Arroz (Culinária) 3. Receitas I. Título.

13-145   CDD – 641.6318

Índice para catálogo sistemático:
1. Risoto : Receitas : Gastronomia 641.6318

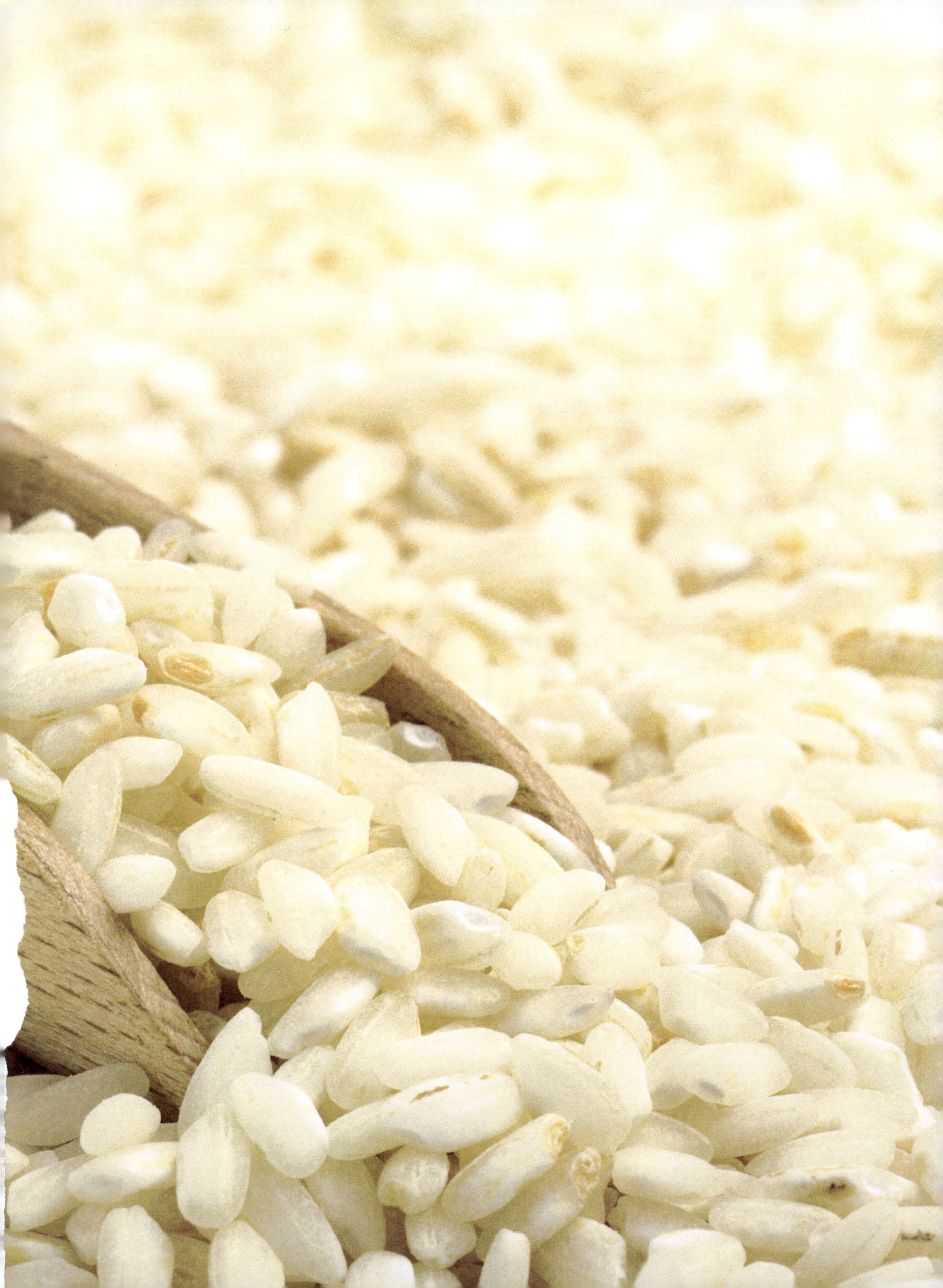

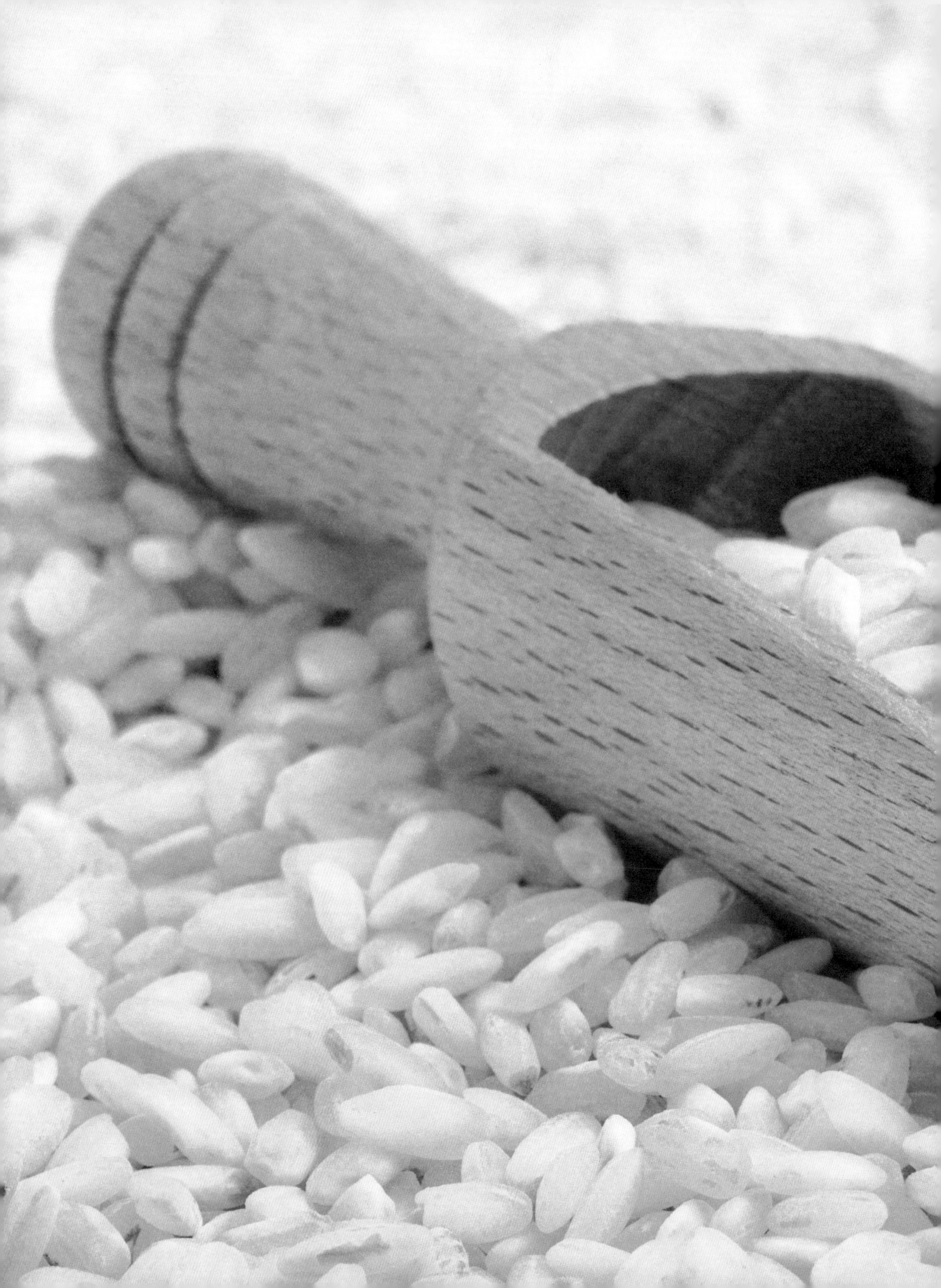